Écrivains, réveillez-vous !

La loi 2012-287 du 1er mars 2012 et autres somnifères

Du même auteur*

Romans

Le Roman de la Révolution Numérique
La Faute à Souchon : (Le roman du show-biz et de la sagesse)
Quand les familles sans toit sont entrées dans les maisons fermées
Liberté j'ignorais tant de Toi (Libertés d'avant l'an 2000)
Viré, viré, viré, même viré du Rmi !
Ils ne sont pas intervenus (Peut-être un roman autobiographique)

Théâtre

Neuf femmes et la star
Les secrets de maître Pierre, notaire de campagne
Ça magouille aux assurances
Chanteur, écrivain : même cirque
Deux sœurs et un contrôle fiscal
Amour, sud et chansons
Pourquoi est-il venu :
Aventures d'écrivains régionaux
Avant les élections présidentielles
Scènes de campagne, scènes du Quercy
Blaise Pascal serait webmaster
Trois femmes et un Amour
J'avais 25 ans
« Révélations » sur « les apparitions d'Astaffort » Brel Cabrel

Théâtre pour troupes d'enfants

La fille aux 200 doudous
Les filles en profitent
Révélations sur la disparition du père Noël
Le lion l'autruche et le renard,
Mertilou prépare l'été
Nous n'irons plus au restaurant

* extrait du catalogue, voir page 146

Stéphane Ternoise

Écrivains, réveillez-vous !

La loi 2012-287 du 1er mars 2012 et autres
somnifères

Sortie numérique : 8 juin 2012

Edition revue et actualisée en mars 2014. Disponible en
numérique et en papier.

Jean-Luc Petit éditeur – Collection Essais

5

Stéphane Ternoise
versant
essayiste :

http://www.**essayiste**.net

Tout simplement et logiquement !...

Écrivains, réveillez-vous !

La loi 2012-287 du 1er mars 2012 et autres somnifères

Contexte...

Alertez les écrivains ! Lectrices, lecteurs, si vous saviez la vraie vie des écrivains en France !

Vous ne lisez pas les interviews des dirigeants du groupe Hachette Livre, vous ne lisez pas les déclarations de monsieur Antoine Gallimard, éditeur et président du Syndicat National de l'Edition (après avoir racheté Flammarion, il laissa la place), **vous ne lisez pas les publications du centre d'analyse stratégique du gouvernement sur l'édition française, vous ne lisez pas les dossiers des lois ni même les lois qui concernent les écrivains... Si vous lisiez leur prose guère littéraire, vous hurleriez sûrement aussi cette alerte "écrivains, réveillez-vous !"**

Comment réagir quand un document d'analyse du gouvernement note « *il s'agit tout à la fois de proposer une offre attractive aux lecteurs, de préserver des marges et d'assurer des conditions financières et juridiques en mesure de dissuader les auteurs de se passer de la médiation traditionnelle de leur éditeur* » ?

Les écrivains, si prompts à s'indigner, pétitionner, dénoncer, s'engager, militer, deviennent curieusement silencieux quand il s'agit de leurs rapports aux éditeurs. Début 2012, pourtant, mené par Antoine Gallimard, le Syndicat National de l'Edition a fait fort : les parlementaires lui ont même voté une loi sur mesure, bien emballée en texte destiné à redonner vie aux œuvres du vingtième siècle, mais instaurant une gestion collective guère favorable aux auteurs !

Et les écrivains se taisent ! Pourquoi ? Le plus souvent ils ignorent presque tout (je sais, il existe quelques colères... mais si souvent sans lecture approfondie des textes... au point que la dénonciation reste au stade de la caricature...). Les éditeurs, paternalistes, les ont persuadés qu'ils tiennent encore le secteur, les clés de la réussite, apportent une visibilité inaccessible autrement, un label de qualité...

Folie que d'oser informer, essayer de briser la facile victoire des grands éditeurs français sur des écrivains fatalistes ? Je n'ai jamais souhaité entrer dans leur système, devenir un pion, même avec la perspective d'un jour arborer les bandeaux "best-seller" ou "prix Goncourt." Depuis 1991, je publie dans un relatif anonymat... et j'étais prêt pour la révolution numérique. Amazon est ainsi un véritable partenaire. Pas étonnant que la société américaine soit la cible privilégiée des installés : son approche offre aux écrivains une perspective de vivre dignement de leurs écrits.

Alertez les écrivains ! Car cet essai parviendra difficilement aux premières victimes de la loi du 1er mars 2012. Lisez et informez !... Sinon d'autres lois *pourraient* compléter l'arsenal législatif censé maintenir l'ordre établi, avec des créateurs endormis dans les mains des intermédiaires.

« Je ne vois pas d'issue, les droits numériques des œuvres appartiennent totalement aux écrivains tant qu'ils n'ont pas signé d'accord avec un éditeur. Bientôt, ils le sauront tous.

- Puisque c'est ainsi, il faut modifier le code de la propriété intellectuelle !

- Mais le Sénat et l'Assemblée nationale n'accepteront jamais !

- Nous sommes la littérature française ! Nous devons continuer à éclairer le monde ! Il suffit de bien leur présenter la chose, en exposant les nombreux avantages pour l'écrivain de la gestion collective des droits, par exemple.

- Mais il n'y en a aucun !

- Nous en inventerons ! Notre survie est en jeu ! Vous l'oubliez, vous êtes avec nous ou contre nous ?

- Avec, naturellement, maître... Mais comment, du jour au lendemain, persuader les écrivains que la gestion collective des droits est préférable au contrat d'édition ?

- J'ai un plan... nous allons commencer par prétendre donner une seconde vie aux œuvres du XXe siècle. Imaginez : 500 000 œuvres disponibles en numérique !

- Celles que nous avons envoyées au pilon car elles ne se vendaient plus.

- Naturellement ! Ces œuvres indisponibles, nous allons les rééditer en numérique.

- Mais il faut l'accord des auteurs et une numérisation de l'œuvre !

- Pour la numérisation, nous puiserons dans le grand emprunt, pour l'accord des auteurs, nous nous en passerons, en prétendant qu'ils sont introuvables et créant une société de gestion collective où il y aura de bonnes places à prendre pour les représentants des écrivains qui nous suivront dans ce noble combat pour la culture française...

- Génial ! Vous êtes génial, maître ! »

Dialogue naturellement fictif.

J'étudiais la loi 2012-287 du 1er mars 2012 quand, sûrement poussé par l'indignation devant tant de facilités accordées aux éditeurs dans leur tentative d'accaparer les droits des auteurs, un *"écrivains, réveillez-vous !"* jaillit.

Au-delà de cette loi, la période est cruciale : la révolution numérique ne s'arrêtera pas à nos frontières et un nouveau modèle économique se met en place. *Longtemps, je me suis couché devant les éditeurs...* Combien d'écrivains pourraient débuter ainsi leur autobiographie, pas seulement pour la parenté du style avec Marcel Proust...

Ces éditeurs obtiennent de l'Etat des lois et de l'argent pour maintenir leurs privilèges. Gauche ou droite, peu importe : la puissance des lobbies dépasse les frontières politiques. Certes, à droite, Lionel Tardy dénonça, en vain, à l'Assemblée un texte « *écrit par les éditeurs, pour les éditeurs* » comme son homologue David Assouline, au Sénat, s'exclamait, lors des débats sur le prix unique du livre « *Il est incompréhensible que les éditeurs nous disent que, s'il y a une économie de coût, les auteurs n'ont pas à bénéficier d'une rémunération digne et équitable ! Là où le marché du livre numérique s'impose, les économies sont importantes.* »

Chez les éditeurs, l'urgence semble être de verrouiller les contrats, accaparer les droits, avant que les écrivains comprennent où se situe leur véritable intérêt. 500 000 œuvres peuvent rapidement tomber dans leur escarcelle, en faisant miroiter aux créateurs des gains via une SPRD, société de perception et de répartition des droits, qui ne distribuera peut-être pas un centime avant 2050 mais à laquelle, en plus de leurs droits, les auteurs pourront apporter une cotisation de membre !

Le numérique, d'accord, mais surtout qu'aucun des installés ne perde son lucratif business ! Surtout que les écrivains, historiquement exploités, ne se mettent pas en tête qu'ils pourraient se passer des éditeurs, distributeurs, libraires... Même l'argent des imprimeurs, pas touche ! L'homme de lettres écrit, reçoit des miettes quand les autres ont goinfré un gros gâteau ou "bosse pour la gloire."

Comment osez-vous répandre l'idée qu'un écrivain pourrait vivre de sa plume en générant un modeste chiffre d'affaires ? C'est pourtant la réalité, quand 60% du prix de vente lui revient ! L'indépendance est notre avenir. Et même monsieur Antoine Gallimard a ajouté le terme "auto-édition" dans son dictionnaire de patron du Syndicat National de l'Edition, membre du Conseil d'Administration de la Bnf, directeur des éditions Gallimard.

Écrivains réveillez-vous ! Les éditeurs ont assimilé qu'il s'agit d'un grand combat, qu'ils peuvent tout perdre. Nous traversons une époque charnière où ils essayent de s'accaparer le numérique comme ils sont parvenus à contrôler la distribution du livre papier. Écrivains, n'ayez plus peur d'internet : c'est notre chance. De toute manière, l'ebook est plus pratique, économique, écologique, que le papier !

Un essai qui analyse une loi choquante, le silence complice des politiques, la trahison des représentants des écrivains, les lobbies, avec une vision globale des réels enjeux de la révolution numérique. Une explication qui apporte des solutions pour contrecarrer ce grand piège législatif.

Pour plus de clarté, je n'ai pas hésité à user des répétitions. Non pour parodier le "moi Président" de François Hollande mais afin de permettre au néophyte de ne pas se perdre dans des concepts auxquels il n'est pas habitué.

Stéphane Ternoise,
Ecrivain vraiment indépendant depuis 1991,
Observateur non subventionné du monde littéraire.
Essayiste du net, http://www.essayiste.net

Analyse globale de la loi 2012-287 du 1er mars 2012

Une loi équitable, fruit d'un accord entre les différents intervenants du monde de l'édition, d'un consensus politique... Mais dans le dos des auteurs des 500 0000 à 700 000 livres concernés !

Numérisées avec le soutien de l'Etat (quelle juste utilisation dilapidation de l'argent du "grand emprunt" !), ces œuvres « indisponibles » du vingtième siècle seront utilisées par les éditeurs, et les auteurs pourront récupérer des miettes en adhérant à une SPRD, société de perception et de répartition des droits... Si un jour des miettes restent à redistribuer !

Naturellement, les auteurs concernés ont le droit de refuser... nous sommes en démocratie ! On ne confisque pas le travail intellectuel, chez nous ! Pour refuser il faut rapidement manifester son refus...

Pourquoi des écrivains ont accepté un système où l'auteur doit rapidement réaliser des démarches pour refuser d'être utilisé par la "chaîne de l'édition française", un système similaire à celui que souhaita instaurer Google, dénoncé, combattu, vilipendé, même en France par les éditeurs, les auteurs, les politiques, finalement stoppé par la justice américaine malgré un accord entre le géant de l'Internet et des représentants d'écrivains ?

Cette loi est la "suite logique" d'un accord du 1er février 2011, entre le ministère de la culture, le Syndicat national de l'édition (SNE), la Société des gens de lettres (SGDL), la Bibliothèque nationale de France (BnF) et le Commissariat général à l'investissement. Officiellement les écrivains étaient donc représentés, par la SGDL. Oui, des notables censés les défendre ont accepté cette approche inédite du droit d'auteur ! Une nouvelle société de gestion de flux financiers, c'est toujours une chance pour celles et ceux dont l'ambition passe par la présence dans des organismes officiels. Des auteurs ont-ils privilégié leurs intérêts d'alliés des éditeurs ?

Aucun représentant réel des œuvres concernées ne fut invité à la table des négociations. Il est bien plus simple de prétendre ces auteurs "non identifiés" !

Les marchands parviennent toujours à s'entendre avec une oligarchie d'auteurs quand il s'agit de profiter de l'œuvre d'écrivains silencieux, dispersés, "non identifiés."
Vous n'êtes pas organisés, vous serez mangés !

Lionel Tardy remarqua à l'Assemblée : "*ce texte, que l'on sent écrit par les éditeurs, pour les éditeurs.*"

N'espérons rien du nouveau Président de la république, la loi fut votée sans combat politique : auteurs ou ayants droit de ces œuvres "indisponibles", la route qui vous permettra d'éviter d'être dévorés par les intérêts des marchands est étroite, sachez la prendre, réagissez !

Les droits numériques vous appartiennent, vous pouvez les utiliser... facilement... mais réaction rapide désormais indispensable ! Sinon ils vous seront magistralement subtilisés par l'application de la loi 2012-287 du 1er mars 2012, qui a nécessité la modification du code de la propriété intellectuelle. Un vilain tour fait aux écrivains dans un consensus politique qui témoigne surtout du pouvoir exceptionnel exercé par le lobby des éditeurs dans un pays où l'exception culturelle semble surtout devoir profiter aux installés, où il n'est pas choquant qu'à peine 10% des revenus du travail d'un auteur lui revienne... même quand il existe un modèle économique où la redistribution atteint 57 à 67%...

Lagardère l'a voulu, la France l'a fait

Quand Hachette Livre et Google ont signé un protocole d'accord pour la numérisation, par Google, d'œuvres indisponibles du catalogue Hachette, Vianney de la Boulaye, directeur juridique de Hachette Livre, fut interrogé par Amélie Blocman pour LÉGIPRESSE n° 278 - décembre 2010.

Il y déclare : « *la gestion collective obligatoire est un recours imparable, mais elle ne sera pas mise en place avant 2012-2013... »*

Deux pages d'interview : « *en préambule, les deux parties [Google et Hachette livre] prennent acte des divergences ayant existé, pour les dépasser afin de donner un cadre légal à leur coopération. Elles soulignent l'importance de la protection du droit d'auteur. (...)*

Le droit d'auteur est de plus en plus considéré comme un obstacle à la diffusion de contenus culturels... Il fallait donc faire quelque chose. Cet accord fait respecter le droit français et il importe de souligner que l'éditeur reprend le contrôle de ses droits. »

Admirons « *l'éditeur reprend le contrôle de ses droits"* quand il s'agit d'œuvres pour lesquelles les droits appartiennent à l'auteur !

Amélie Blocman pose alors la question cruciale :

- *La numérisation et la commercialisation des ouvrages ne pourront concerner que ceux dont Hachette détient les droits numériques. Êtes-vous à ce jour titulaire de ces droits ?*

Réponse de Vianney de la Boulaye :

- *Le contrôle des droits par Hachette de ses auteurs est primordial. Bien sûr se pose la question de la titularité des droits numériques par Hachette, qui est une condition pour pouvoir rentrer dans le cadre du protocole d'accord.*

Hachette va devoir revenir vers certains auteurs ponctuellement et réfléchit actuellement à comment "régulariser" au mieux. De même, dans certains contrats antérieurs à la loi de 1957, il n'y a pas de cession de droit. La gestion collective obligatoire est un recours imparable, mais elle ne sera pas mise en place avant 2012-2013... Cependant, la gestion collective volontaire des droits d'auteur peut être envisageable, c'est d'ailleurs une hypothèse étudiée.

Naturellement, ce vœu de Lagardère, ainsi exprimé publiquement, rejoignait le vœu d'autres grands éditeurs. Pour l'occasion, ils rament tous dans le même bateau... Mais le groupe Lagardère, numéro 1 de l'édition en France, pouvait se prévaloir des relations privilégiées d'Arnaud avec le président Nicolas Sarkozy (« *Arnaud est plus qu'un ami ! C'est un frère* », proclamait Nicolas Sarkozy en avril 2005). Le changement de Président est sûrement dédramatisé : la compagne de François Hollande est journaliste, et son journal de référence semble être *Paris-Match*, du groupe Lagardère. Que "la première dame de France" travaille pour l'un des plus grands groupes français, propriétaire du premier groupe d'édition français, ne pose aucun problème ? (2014, les photos du président en scooter ont mis fin à cette situation mais l'Aurélie reste rue de Valois)

Prétendre à l'urgence de numériser les vieux livres indisponibles est un scandale...

C'est naturellement un sophisme que de prétendre vouloir aider les auteurs à obtenir quelques revenus de leurs vieux livres avec une version numérique. Mais il est honteux d'utiliser l'absence de numérisation de ces œuvres pour obtenir un motif d'intervention rapide. Est-ce que l'ensemble des œuvres éditées par nos valeureux éditeurs sont disponibles en numérique ?

Sur France-Culture, le 31 août 2011 (date du site web avec les extraits en audio) : "*Les livres numériques font leur (r)entrée*", Bruno Caillet, directeur commercial chez Gallimard, déclarait : « *le numérique a commencé maintenant y a plus de deux ans chez Gallimard.*
Donc sous une forme aussi précise, c'est-à-dire avec l'exhaustivité des titres qui sortent en papier également disponibles sur numérique, ça c'est la première rentrée où on arrive à le faire. Si je prends par exemple les ouvrages qui sont sortis à partir du 18 août et du 25 août, donc les deux premiers offices de Gallimard, tous les titres présents sur le papier ont été également présents sous forme numérique. »

Pour francetv.fr, le 4 octobre 2011, Sophie Jouve signait un article intitulé « *Pour la première fois en France, la rentrée littéraire est aussi numérique.* » Mais l'article n'est pas aussi catégorique que le laisse présager le titre !
Elle se contredit même avec « *désormais tous les éditeurs proposent leurs livres sous format papier et numérique* » alors que le paragraphe suivant explique « *chez Flammarion 5 ouvrages sur les 10 de la rentrée littéraire sont disponibles sous formes de fichiers électroniques. Des écrivains connus comme Christine Angot ou moins*

connus tel James Frey sont encore réfractaires car ils redoutent le piratage. « *L'année dernière Michel Houellebecq qui a remporté le prix Goncourt, a été piraté avant même que l'on rende son livre disponible en fichier numérique, déplore Thierry Capot, Mais nous sommes là pour intenter des actions* ». Quand la version piratée est disponible avant la version légale, ce n'est pas un honneur pour l'éditeur !

Document officiel : « *les ventes de livres numériques sont encore balbutiantes sur le marché français où ils ne réalisent qu'environ 1 % du chiffre d'affaires du secteur. La faiblesse de ce chiffre d'affaires est évidemment liée à la taille embryonnaire du marché où seul 1 livre sur 10 est pour le moment disponible en version numérique (1 sur 3 dans le cas des best-sellers).* »

Les acteurs de la chaîne du livre à l'ère du numérique - Les auteurs et les éditeurs, Notes d'analyse 270 - Mars 2012

http://www.strategie.gouv.fr/system/files/2012-03-19-livrenumerique-auteurs-editeurs-na270_0.pdf

Alors que les éditeurs ne proposent pas systématiquement en ebook les œuvres qu'ils publient, comment ne pas juger scandaleux l'utilisation d'un constat d'absence de version numérique d'un "vieux livre" pour confisquer à l'auteur une grande partie de ses droits ?

Pourquoi faudrait-il que d'anciennes œuvres soient automatiquement disponibles en ebook alors que des auteurs refusent une version numérique des nouveautés ? Car **il faut instaurer la "gestion collective" dans l'édition !** Elle fonctionne tellement bien dans la musique, où les majors ont compris qu'il leur suffit de favoriser l'élection d'auteurs ralliés à leur cause pour que l'organisme soit considéré comme représentatif de l'ensemble de la profession et ainsi joue un rôle de lobby plus favorable aux majors qu'aux misérables auteurs et compositeurs...

Il ne s'agit pas de numériser pour donner accès à un plus grand nombre d'ouvrages mais de numériser des livres qui ne sont pas tombés dans le domaine public, car ainsi ils seront vendus, rapporteront de l'argent aux éditeurs et intermédiaires. Et surtout ouvriront la porte d'une gestion collective du droit d'auteur. S'il s'agissait de numériser pour le savoir : *« Les collections de la BnF représentent près de 15 millions de livres (ou ouvrages). Par ailleurs, la BnF numérise 100.000 documents par an, mais seulement 40.000 livres. Selon le ministère de la culture et de la communication, le coût moyen de numérisation d'un livre dans le marché de masse de la BnF est de l'ordre de 50 euros. On peut donc estimer, en première analyse, qu'avec les moyens actuels de la BnF, il faudrait environ 750 millions d'euros et 375 ans pour numériser l'ensemble des ouvrages. »*
"La politique du livre face au défi du numérique"
Rapport d'information de M. Yann Gaillard, réalisé au nom de la commission des finances du Sénat n° 338 (2009-2010) - 25 février 2010

L'ancienneté du projet témoigne aussi d'une volonté organisée de permettre aux éditeurs d'exploiter des œuvres dont elles ne possèdent pas les droits. Il exista un "Comité des Sages sur la numérisation". Le 28 octobre 2010 à Bruxelles, se déroula une audition publique.
Les notes du Projet de position française sont claires :

« Ce projet prévoit de confier à une société de gestion collective la charge d'exercer les droits d'exploitation numérique des livres français indisponibles sous forme

papier, dans le cas où une exploitation numérique contractuelle s'avèrerait impossible (...)

Le chantier juridique est accompagné d'un chantier économique prévoyant la mobilisation de moyens importants de l'Etat afin d'assurer la numérisation d'un corpus de plus de 500 000 livres français indisponibles dans le cadre des investissements de l'emprunt national.

Les acteurs du marché souhaitant exploiter les œuvres, selon des modèles économiques encore à définir, contribueront au remboursement de ces investissements. Enfin, le dispositif prévoit également une juste rémunération des ayants droit via la gestion collective. »

http://www.ddm.gouv.fr/IMG/pdf/Audition_publique_Comite_des_sages_28102011_intervention_de_Nicolas_Georges.pdf

Ce document avait-il vocation à être public ? Je l'ai trouvé grâce à google, à une recherche sur certains termes pour préciser mes informations.

La bibliothèque numérique européenne, lancée en 2008, via le portail Europeana, propose 19 millions de documents gratuits.

La numérisation, en France, avec l'argent du « grand emprunt », avance, galope serait excessif. Gallica, le projet français de bibliothèque numérique, développé par la Bibliothèque nationale de France (BnF) depuis 1997, a ainsi pris son véritable envol.

« *Cependant, à l'heure actuelle, tout projet de numérisation à grande échelle se heurte à la question des droits d'auteur. Une institution ne peut, en effet, sauf exceptions particulières, numériser et mettre à la disposition des internautes des œuvres protégées sans avoir obtenu auparavant l'assentiment des titulaires des droits d'exploitation numérique de ces œuvres.* »

Hervé Gaymard, député, dans son rapport aux parlementaires, le 18 janvier 2012. Assertion choquante ! Faudrait-il que le travail des écrivains soit offert à la BnF quand la moindre numérisation non autorisée de Google suscite les pires hurlements ?

La diffusion gratuite est naturellement limitée aux œuvres du domaine public.

Le domaine public étant, sauf exceptions (guerres), soixante-dix ans après le décès de l'auteur.

Un habillage philanthropique, une réalité économique, une incohérence suspecte

La diffusion en ebook offrira une nouvelle vie à l'œuvre, pour le plus grand bénéfice de l'auteur, de son public, et de l'humanité en général ! Lectrices et lecteurs ont manifesté leur désir de lire en numérique ces œuvres tellement importantes que leur éditeur a décidé de cesser d'en approvisionner les librairies ? Les écrivains ont appelé l'état à l'aide ?

Où est la cohérence quand, également en mars 2012, l'état publie une analyse :

> « L'offre commerciale de titres numériques va pouvoir être étendue grâce à la loi du 1er mars 2012, qui permettra de commercialiser en version numérisée les ouvrages épuisés du XXe siècle qui ne sont plus vendus en version imprimée et ne sont pas encore tombés dans le domaine public. Environ 500 000 titres sont concernés : publiés avant 2000, ils sont aujourd'hui introuvables en librairie et ne sont plus réimprimés par leur éditeur (...)
>
> Néanmoins un tel marché, pour être abondant en volume, n'offre pas de perspectives commerciales considérables : rares sont les lecteurs à plébisciter les livres épuisés (le chiffre de 2 à 10 exemplaires vendus par titre a été donné à la table ronde sur ce sujet le 6 mars 2012 au salon Dem@in le livre). »
>
> Les acteurs de la chaîne du livre à l'ère du numérique - Les auteurs et les éditeurs, Notes d'analyse 270 - Mars 2012
> http://www.strategie.gouv.fr/system/files/2012-03-19-livrenumerique-auteurs-editeurs-na270_0.pdf

L'état va donc consacrer « *50 millions d'euros* » (chiffre de Bruno Racine, président de la Bibliothèque nationale de France) pour numériser 500 000 titres. Soit 100 euros du titre. Très cher. Surtout après avoir lu "*La politique du livre face au défi du numérique*", le rapport d'information de M. Yann Gaillard, en février 2010 « *selon le ministère de la culture et de la communication, le coût moyen de numérisation d'un livre dans le marché de masse de la BnF est de l'ordre de 50 euros.* » Ce doublement du coût moyen en quelques mois mériterait au moins des éclaircissements.

Combien d'euros chaque titre rapportera-t-il en droits d'auteur ? 5 ? 10 par an ? Si la société de gestion doit d'abord rembourser le grand emprunt avec les droits collectés avant de débuter toute autre mission, elle consacrera sûrement une dizaine d'années à éponger cette dette... Mais naturellement, durant ce temps-là, la filière du livre pourra goinfrer 90% du prix des ebooks...

S'agissait-il, alors, d'inventer une raison de créer une société de gestion de droits d'auteurs, première étape vers la gestion collective obligatoire ? Gestion collective obligatoire naturellement à l'immense bénéfice des écrivains qui récupéreront par ce biais les droits de copie privée, les droits de copie scolaire, les droits d'utilisation des œuvres en bibliothèque... un revenu nettement moindre qu'en auto-édition... où aucun droit annexe ne semble accessible... Mais il s'agit bien, ne l'oubliez pas, « **de dissuader les auteurs de se passer de la médiation traditionnelle de leur éditeur.** »

La Sofia, Société Française des Intérêts des Auteurs de l'écrit, déjà une société civile de perception et de répartition de droits, déjà administrée à parité par les auteurs et les éditeurs, perçoit et répartit le droit de prêt en bibliothèque et la part du livre de la rémunération pour copie privée numérique. « *Tous les éditeurs cessionnaires de droits d'exploitation d'œuvres peuvent adhérer à Sofia sur justification de l'existence de contrats d'édition* ».

Réponse de *la sofia* : « *Je vous confirme que les livres autoédités n'entrent dans le cadre du droit de prêt. Ils ne sont pas déclarés par les bibliothèques et donc pas rémunérés. Le contrat d'édition est indispensable.* »

Que s'est-il passé le 1er février 2011 ?

"Une deuxième vie pour des titres indisponibles"

Frédéric Mitterrand, ministre de la Culture et de la Communication, René Ricol, commissaire général à l'investissement, Bruno Racine, président de la Bibliothèque nationale de France, Antoine Gallimard, président du Syndicat national de l'Edition et Jean-Claude Bologne, président de la Société des gens de lettres, ont signé un accord-cadre relatif à la numérisation et l'exploitation des livres indisponibles du XXe siècle. Il existe sur Internet une photo de ces cinq hommes attablés... qui resteront peut-être dans l'Histoire associés à ce cliché. Légende ? Que chacun écrive celle qui lui semble la plus pertinente....

Bref, mais d'accord cadre, aucune trace ! Confidentiel !

Donc il faut se contenter de la présentation officielle (sous gouv.fr) et du discours de Frédéric Mitterrand, (lui aussi sous gouv.fr).

À la BnF, le syndicat FSU s'en offusqua : « *depuis la signature de l'accord, nous avons assisté à une large communication sur la réalisation, mais pour ce qui est du contenu de cet accord, la direction de la BnF refuse de nous le communiquer.* »
Dans un communiqué, le syndicat dénonça cet accord secret qui « *remet en cause la maîtrise de ses choix en matière de numérisation et, surtout, compromet comme jamais les conditions d'un accès libre et gratuit de l'ensemble de ses collections à tous ses lecteurs, sur place comme à distance, avec, pour seules limites, celles du droit de propriété intellectuelle* ».
Actuellement, la BnF numérise des œuvres du domaine

public et les met à la disposition du grand public. Les syndicats dénoncent d'ailleurs régulièrement le manque de moyens.

Selon le syndicat, les ouvrages numérisés doivent être accessibles gratuitement sur le site de la BnF. Je suis d'accord avec eux. Et pour cela, la numérisation d'oeuvres non tombées dans le domaine public ne doit pas passer par la Bnf, ne doit d'ailleurs pas être réalisée avec l'argent public.

Si la numérisation de l'ensemble des œuvres du domaine public était réalisée, on aurait pu comprendre que la BnF vende ses services au privé

La présentation page
http://www.culturecommunication.gouv.fr/Actualites/A-la-une/Une-deuxieme-vie-pour-des-titres-indisponibles :

500 000 livres à numériser.
L'accord signé le 1er février entre le ministère de la Culture et de la Communication, le commissariat général à l'investissement, la Bibliothèque nationale de France, le Syndicat national de l'édition et la Société des gens de lettres, doit permettre d'offrir une nouvelle vie, sous forme numérique, aux livres du XXe siècle encore sous droits et qui ne sont plus commercialisés en librairie.

Un corpus de 500 000 livres pourra ainsi être numérisé et proposé à la vente d'ici 5 ans.

Une étude de faisabilité.
Fruit d'une année de réflexion et de concertations, cet accord-cadre permet d'aborder une nouvelle phase dans la mise en œuvre de ce projet de numérisation avec la réalisation d'une étude de faisabilité détaillée dans les prochains mois.

L'accord rappelle que les livres numérisés au moyen des

Investissements d'avenir seront exploités dans le cadre d'une gestion collective assurant aux éditeurs et aux auteurs, représentés à parité, une rémunération équitable dans le strict respect des droits moraux et patrimoniaux.
Le code de la propriété intellectuelle sera modifié en conséquence.

Le rôle de la BNF.
La numérisation des livres sera effectuée à partir des collections du dépôt légal conservées à la Bibliothèque nationale de France.
Celle-ci pourra conserver une copie numérique pour son usage propre. Le site Gallica présentera l'intégralité des nouvelles références bibliographiques, avec une possibilité de feuilletage, et renverra à des sites marchands pour l'acquisition des livres numériques.

Le soutien financier de l'Etat.
Il s'inscrira dans le cadre du programme « développement de l'économie numérique ». Ce programme doté de 4,5 milliards d'euros est l'une des principales affectations des 35 milliards d'euros que le gouvernement mobilise pour les « investissements d'avenir ». Il inclut notamment un volet de 750 millions d'euros consacrés au développement de nouvelles formes de valorisation et de numérisation des contenus culturels, scientifiques et éducatifs.

Le problème de cet accord était donc son illégalité !
Autrement écrit : pour être appliqué il nécessitait la modification du code de la propriété intellectuelle. Ce dont ces vénérables messieurs n'avaient pas le pouvoir. Mais ils ont le bras long, en conclurait le bon sens des gens qui pensent que l'on se fait toujours rouler dans la farine par les notables qui s'imposent au-dessus de notre tête.
Et effectivement, le code de la code de la propriété

intellectuelle fut rapidement adapté au désidérata... des éditeurs !

Combien des 4,5 milliards d'euros pompeusement présentés pour le « développement de l'économie numérique » seront pompés au service des éditeurs ? « *50 millions d'euros semble un ordre de grandeur plausible* », chiffre de Bruno Racine selon rue89.com/rue89-culture/2012/03/03/numerisation-des-livres-quon-nedite-plus-qui-y-gagne-229855. Les éditeurs ont gagné 50 millions d'euros et les écrivains devraient se contenter de clopinettes !

Le discours de Frédéric Mitterrand
http://www.culturecommunication.gouv.fr/Ministere/L-histoire-du-ministere/Archives/Frederic-Mitterrand-2009-2012/Discours-2009-2012/Discours-de-Frederic-Mitterrand-ministre-de-la-Culture-et-de-la-Communication-prononce-a-l-occasion-de-la-signature-de-l-accordcadre-sur-la-numerisation-et-l-exploitation-des-livres-indisponibles-du-XXeme-siecle

J'en retiens quelques passages :

« Grâce à ce projet, les auteurs, sauf opposition de leur part, bénéficieront ainsi de nouvelles opportunités de diffusion et d'exploitation de leurs œuvres. Les éditeurs originels se verront reconnaître, sous certaines conditions, un droit de préférence pour l'exploitation des livres numérisés. La chaîne du livre pourra mieux s'organiser notamment autour des enjeux de diffusion. »

Je crois comprendre, entre les lignes, qu'il s'agit d'offrir du contenu à la chaîne du livre. Mais je peux naturellement me tromper... la loi précisera sûrement cela !

« L'accord-cadre que nous signons aujourd'hui est

également pionnier car il dessine une solution innovante sur le plan juridique, y compris à l'échelle communautaire : il ouvre la voie à une véritable adaptation des droits d'auteur à l'ère du numérique, respectueuse des ayants-droit, sujet sur lequel je me suis entretenu hier à Bruxelles avec les commissaires européens compétents. La numérisation des livres s'inscrira ainsi dans le cadre d'une gestion collective à même de garantir d'une part, le respect des droits patrimoniaux et moraux, d'autre part, la rémunération équitable des ayants-droit. Dans ce but, le code de la propriété intellectuelle sera modifié par un texte de loi soumis au Parlement au cours du premier semestre de l'année. »

Tellement pionnier sur le plan juridique qu'il nécessite une modification du code de la propriété intellectuelle ! Cette voie vers une véritable adaptation des droits d'auteur à l'ère du numérique, est tellement respectueuse des ayants-droit, que l'accord restera secret !
Accord secret... car il aborde d'autres problématiques que ces 500 000 œuvres ? Il détaille les étapes vers une gestion collective obligatoire pour l'ensemble des écrivains ?

« Pour l'invention des modèles économiques de demain, la France se doit non seulement d'être présente, mais également d'être exemplaire sur les valeurs qu'elle veut promouvoir et sur lesquelles elle s'est engagée sur le plan international. »

Oui, être exemplaire sur les valeurs qu'elle veut promouvoir, en cachant le contenu du complot, euh de l'accord cadre... La valeur de soumission des écrivains aux besoins de puissance des éditeurs ? Soumettez-vous, écrivains, ces hommes montrent la voie... Réveillez-vous, écrivains !

Je préfère le modèle économique d'une auto-édition professionnelle avec diffusion sur la quasi totalité des plateformes de ventes.

Malgré la mise en scène, tout ceci ne fut que de la communication, un moyen de montrer aux auteurs qu'ils "furent associés" au projet alors qu'il est sur les rails depuis au moins 2010. Il fallait trouver un représentant des auteurs pour un pareil recul du droit d'auteur. Ce fut la SGDL...

Qui représentait qui ?

En la personne de Frédéric Mitterrand, ministre de la Culture et de la Communication, c'était naturellement l'état impartial, mandaté par le peuple pour gérer au mieux notre société, dans l'intérêt général. Certes, monsieur Frédéric Mitterrand versant écrivain, est en relation avec les éditeurs. Il publie principalement chez Robert Laffont, qui n'est pas dans l'escarcelle Lagardère mais chez Editis, le deuxième groupe d'édition français.

René Ricol est commissaire général à l'investissement, il est chargé de veiller sur les 35 milliards de l'emprunt national, sous l'autorité du Premier ministre. Le financier.

Antoine Gallimard, président du Syndicat national de l'Edition représentait donc les éditeurs.

Jean-Claude Bologne, président de la Société des gens de lettres, représentait alors les écrivains.

Le SNE

Le Syndicat national de l'édition est une organisation professionnelle des entreprises d'édition. Qu'elle défende les intérêts des éditeurs est donc logique ! Elle est présidée par Antoine Gallimard... jusqu'en 2012... successeur Vincent Montagne ; peu importe l'homme dont le nom est sur le carton... un jour ce sera une femme....

En chiffre 2011 : « *près de 575 maisons d'édition, représentant la majeure partie du chiffre d'affaires de l'édition française, qui dépasse 2 829 millions d'euros en 2009.* »
2013 : « *avec plus de 670 membres, le SNE défend l'idée que l'action collective permet de construire l'avenir de l'édition.* » Chiffre d'affaire non vu. En l'an 2000 j'écrivais déjà « *l'auto-édition est l'avenir de l'édition.* »
Le SNE étant l'organisateur du Salon du livre de Paris, le regard chaque fois biaisé sur l'ebook présenté dans les médias à l'occasion de cette grande manifestation ne surprend guère !
Le 17 mars 2009, fut diffusé, lors de ce salon, un précieux document : « le *livre numérique : idées reçues et propositions.* »
http://www.sne.fr/informations/livre-electronique-03-09.html

Le SNE y égrainait des arguments pour combattre l'idée qu'un livre numérique doive coûter moins cher qu'un livre papier, prétendant même qu'un ebook « *coûte au moins autant à produire qu'un livre papier.* »

Repartant du livre-papier où dix euros se répartissent à peu près en 1 € pour l'auteur, 1,50 € pour l'éditeur, 1,50 € pour l'imprimeur, 1,70 € pour le diffuseur et le distributeur, 3,80 € pour le libraire, 0,50 € pour l'Etat

(TVA), l'ebook version SNE : « *L'auteur touche toujours autant, et aimerait bien davantage...* » Certes « *il n'y a plus d'imprimeur ni de frais de logistique liés au papier (transport et stockage).* »

Mais l'éditeur aura « *de nouveaux coûts* », et voici une liste à la Prévert : « *coûts de conversion des fichiers (voire de numérisation s'il s'agit de livres plus anciens), coûts de stockage des fichiers, coûts de sécurisation des fichiers, frais juridiques liés à l'adaptation des contrats d'édition et à la défense contre le piratage, etc.* »

Mais ce n'est pas tout : « *vendre des livres numériques ne se fait pas tout seul : cela nécessite un diffuseur-distributeur (« e-distributeur » pour reprendre la terminologie de Gallica2) et des sites de vente en ligne des livres (« e-librairies »).* »

Le SNE posait la bonne question : « *pourquoi ne pas pratiquer la vente directe ?* »

Sa réponse fuse, péremptoire : « *Ce serait méconnaître l'importance stratégique que revêt la librairie de qualité pour tous les éditeurs.* »

Depuis quand ? Les éditeurs n'ont-ils pas préféré jouer la carte de la grande distribution qui fut fatale à de nombreux libraires indépendants ?

Bref, ces nouveaux coûts « *compensent peu ou prou* » ceux de l'imprimeur. « *Non seulement annoncer que le prix du livre numérique devra être inférieur de 30 % à celui de papier est dangereux pour le développement du marché numérique, mais il l'est aussi pour le livre papier, dont on ne comprendra plus qu'il soit à payer au juste prix : c'est tout l'édifice de la loi sur le prix unique qui risque d'être remis en cause.* »

Et des arguments pour combattre une affirmation : « *On pourra se passer d'éditeur à l'ère du numérique.* »

Contre cette *utopie*, un exemple fracassant : « *Stephen King a tenté l'expérience de vendre directement ses livres en ligne. Devant l'échec complet de sa tentative, il est revenu vers son éditeur...* » Vous voyez bien que c'est impossible, Stephen King a échoué ! Mais pas en 2012 ! Il a essayé trop tôt ! Avant le Kindle et l'Ipad.

D'ailleurs : « *Cette idée reçue provient d'une méconnaissance du métier et de la valeur ajoutée de l'éditeur.* »

La grande vérité selon le SNE : « *Plutôt discret et en retrait derrière ses auteurs, l'éditeur a pourtant un rôle crucial : il sélectionne et « labellise » les œuvres en les intégrant dans un catalogue, un fonds, une marque reconnus par les lecteurs ; il apporte une contribution intellectuelle (« création éditoriale ») importante ; enfin il s'engage à exploiter commercialement les œuvres de manière continue (vente de livres, de droits dérivés, etc.).* »

Réaction officielle du SNE : « *La loi du 1er mars 2012 sur l'exploitation numérique des livres indisponibles illustre cette adaptation du droit d'auteur aux nouveaux enjeux : sans faire appel à une nouvelle exception, la mise en place d'une gestion collective des livres indisponibles permettra de rendre accessibles, sous un format numérique, 500 000 œuvres du XXe siècle qui ne sont plus disponibles commercialement.* » - Lettre ouverte aux candidats aux élections 2012.

La BNF, Bibliothèque nationale de France

En quoi, la Bnf était concernée pour les droits numériques qui appartiennent aux auteurs ?

Il s'agit certes de la plus importante bibliothèque de France et elle réalise le dépôt légal des livres en papier.
Sa bibliothèque numérique, Gallica, propose plus d'un million de documents, en format texte, image ou sonore.
Ses collections comportent 14 millions de livres et d'imprimés.

Le président de la Bibliothèque nationale de France est très marqué politiquement : Bruno Racine, en poste depuis le 28 mars 2007 (soit six semaines avant la fin du mandat de Jacques Chirac), passé par l'Ecole normale supérieure, avant d'entrer à la Cour des comptes en 1979 ; en 1986, Jacques Chirac, nommé Premier ministre, le prend à son cabinet ; en 1988, il est nommé directeur des affaires culturelles de la Ville de Paris ; de 1995 à 1997, Jacques Chirac président, on le retrouve en charge des dossiers stratégiques et culturels... auprès du Premier ministre Alain Juppé... (combien d'années tiendra-t-il sous François Hollande ?)
Agrégé de lettres classiques, Bruno Racine publie... en 2007, par exemple, l'année de sa prise de fonction à la BNF, est sorti *Le côté d'Odessa* chez Grasset & Fasquelle, une maison du Groupe Hachette-Livre, Lagardère.

Antoine Gallimard, président du SNE, siège au Conseil d'Administration de la BnF.
Il y fut nommé par Frédéric Mitterrand, ministre de la Culture et de la Communication (au Journal officiel du 3 avril 2010, figurent le nom des nouveaux membres du conseil d'administration de la BnF : Gilles Eboli (qui fut

président de l'Association des bibliothécaires de France de 2003 à 2007 puis directeur de la bibliothèque municipale de Marseille), Antoine Gallimard, P.D.G. de la maison d'édition Gallimard, Martine Marigeaud, inspectrice générale des finances, Jacques Toubon, ancien ministre de la Culture et de la Francophonie).

La BnF, maître d'œuvre de la numérisation, avait donc sa place dans ce débat. Mais le parcours de son président, ses relations contractuelles avec des éditeurs, la présence de monsieur Antoine Gallimard au Conseil d'Administration, laissent planer un doute sur sa capacité à défendre les intérêts des écrivains "de base." Certes, ce n'était pas son rôle puisque la SGDL figurait parmi les interlocuteurs !

La SGDL... Elle défend vraiment les auteurs ?

La Société des Gens de Lettres se prétend encore engagée dans la défense du droit d'auteur.

Et six mille auteurs de l'écrit y adhérent.

Elle est présidée depuis 2010 par Jean-Claude Bologne, romancier, qui n'est pas une figure majeure des lettres françaises, même s'il a publié cette année-là (pour la première fois) chez Calmann-Lévy (du groupe Hachette, l'édition chez Lagardère), même s'il a obtenu deux prix, le *Victor Rossel*, pour son roman *La Faute des femmes*, publié par l'éditeur *les Eperonniers* en 1989 et le *Marcel Lobet* en 1991, pour *Le Troisième testament*, également publié par *les Éperonniers*, en 1990. Informations sûrement exactes, issues de wikipedia.

La SGDL, sur son site, prétend que son « *indépendance lui donne une totale liberté de parole dans les instances où elle siège pour œuvrer en faveur du droit d'auteur. Elle est notamment membre du CSPLA (Conseil Supérieur de la Propriété littéraire et artistique) du CPE (Conseil Permanent des Ecrivains) et de l'European Writers Council (EWC).* »

Comment adhérer à la SGDL ? Il suffit d'avoir « *publié un volume à compte d'éditeur.* » Ce qui est fréquent en France !

La cotisation annuelle est de 40 euros.

L'ayant droit d'un auteur décédé ayant publié au moins un livre à compte d'auteur, peut également adhérer.

La Société des Gens de Lettres est une « association privée reconnue comme établissement d'utilité publique par décret en date du 10 décembre 1891 » dont l'Histoire mériterait un meilleur présent. Elle fut fondée par Honoré de Balzac, George Sand, Victor Hugo, et Alexandre

Dumas père le 28 janvier 1828. Alexandre Dumas père en fut le premier président... le 9 janvier 1840 ! Il essaya de lutter pour la propriété littéraire et les droits des auteurs. En février 1845, Victor Hugo lui succéda. Émile Zola aussi en sera président, à partir du 17 juin 1891.

Parmi les présidents du vingtième siècle... euh... si, François Mauriac, en 1968.

Est-ce que la SGDL a défendu, en 2011, les écrivains là où elle les représentait ? Elle le prétend.

Je n'ai jamais imaginé un jour adhérer à une telle société. En 1828, j'aurais, j'espère, été du côté de Victor Hugo et Honoré de Balzac...

Souvenir... rubrique entendu :
- Je suis membre de la société des gens de lettres.

Et cette personne possède une carte avec ce « membre de la société des gens de lettres » bien en évidence.

Il est des auteurs pour lesquels cette appartenance à la SGDL semble valoir reconnaissance sociale. J'en croisais, quand je participais aux salons du livre...

Qui représentait qui ?

Oui, les principaux intérêts de l'édition française étaient représentés !

On peut considérer, naturellement il s'agit d'un regard orienté mais j'accepte la critique de mon manque d'objectivité sur cette lecture du cercle des décideurs réunis, on peut donc considérer que les grands groupes de l'éditions étaient représentés.

Naturellement, Antoine Gallimard, avec sa casquette SNE, veillait aux intérêts de l'ensemble des éditeurs mais on peut toujours supposer qu'il réfléchissait, en même temps, à ceux de la maison Gallimard.

Le groupe Lagardère pouvant redouter que monsieur Gallimard tende un peu trop vers ses propres intérêts, comptait peut-être sur ses auteurs : le président de la Bibliothèque nationale de France, Bruno Racine et le président de la SGDL, Jean-Claude Bologne.

Quant au numéro 2 de l'édition française, Editis, il câline dans l'une de ses écuries, Frédéric Mitterrand.

Nous devrions avoir une totale confiance en ce cénacle ? Des hommes d'une telle qualité... Vous les imaginez, après un tel parcours, pratiquer l'auto-édition ? Ils se retrouveront en habit vert un jour ?

La guerre de l'édition aura lieu : éditeurs contre autoédition

Les éditeurs jouent leur survie : soit ils obtiennent les droits d'un maximum d'oeuvres qui ne tomberont pas dans le domaine public avant cinq à dix décennies, soit ils regardent impuissants l'autoédition grignoter leur capital. Donc, face à nous, ne vous leurrez pas (le sort des libraires ils s'en balancent peut-être mais les considèrent comme des alliés aujourd'hui, alors qu'ils n'ont pas hésité à soutenir la grande distribution dite culturelle au détriment de cette petite librairie de proximité), nos adversaires n'ont aucun état d'âme. Et comme ils représentent un puisant lobby (ils éditent même les livres des femmes et hommes politiques) nous devons prendre en main notre destin.

Naturellement, certains écrivains préfèrent attendre, profiter le plus longtemps possible des opportunités que leur offrent les éditeurs... qui contrôlent encore la médiatisation littéraire. Je dois m'expliquer sur cette phrase ? Je ne peux la justifier ? Pourquoi les médias, pas seulement ceux du groupe Lagardère (Paris-Match, Europe 1...) ouvrent leur temps d'antennes, leurs colonnes, aux écrivains de l'édition classique et la ferment aux indépendants ? Où publient les journalistes ? Les journalistes littéraires se tiennent facilement par la publication de leurs œuvres.
Naturellement, certains journalistes feront passer leur déontologie avant certains intérêts... surtout quand ils s'apercevront qu'il s'agit bien d'une vague de fond qui va emporter le livre papier...

Une réécriture officielle !

« Un intense travail associant les éditeurs, les auteurs, l'administration et le Parlement a ensuite été conduit pendant le premier semestre 2011 pour construire une solution qui garantisse les droits des auteurs et éditeurs. La solution retenue est celle d'une gestion collective paritaire par une société de perception et de répartition des droits (SPRD), qui fait l'objet de la présente proposition de loi. »
Hervé Gaymard, député, rapport aux parlementaires du 18 janvier 2012.

La solution était retenue bien avant l'*intense travail* du *premier semestre 2011 !*
Rappel : Vianney de la Boulaye, directeur juridique de Hachette Livre, en décembre 2010 affirmait *« la gestion collective obligatoire est un recours imparable, mais elle ne sera pas mise en place avant 2012-2013... »*

La SGDL ne pouvant être considérée comme représentative des auteurs concernés, aucun auteur n'a participé à cette mascarade de travail du premier semestre 2011.
Quant à *« la solution retenue »*, la solution qu'ont réussi à imposer les éditeurs, elle ne garantit nullement *« les droits des auteurs et éditeurs. »*
Quand les auteurs possèdent 100% des droits numériques d'une œuvre et que, sans contrepartie des éditeurs, l'auteur perd 50% des droits d'auteur et d'autres droits sur cette œuvre, il ne s'agit plus d'une garantie, M. Gaymard.

Il s'agit bien d'un passage de "100% des droits numériques" à "50% des droits d'auteur." L'auteur se retrouve dépossédé du droit de proposer quand et où il veut son œuvre, à un prix qu'il décidera, qu'il modifiera s'il le souhaite.

Certes, il peut récupérer ce droit. Et c'est l'objet de ce livre : une information qu'il aurait été du devoir des parlementaires d'assurer. On peut aussi affirmer qu'il aurait été du devoir de la SGDL de claquer la porte de telles "négociations" pour immédiatement informer les auteurs...

M. Jean-Claude Bologne aurait alors grandement déplu à ses interlocuteurs mais il aurait gagné en crédibilité. Tandis que là... Des auteurs membres de la SGDL demanderont rapidement sa démission ? Quand ils auront compris les conséquences de cet accord ?

Mon implication

Tant pis si je passe pour l'Arlette Laguiller de l'ebook, avec un jour aux Guignols de l'info un « Ecrivains, Ecrivaines, on vous ment, on vous manipule, on vous spolie, on vous exploite... » (précision... pour les lecteurs qui chercheront dans ce livre des motifs pour hurler à ma mégalomanie ou autre trouble psychique : dérision... je vis très loin du jeu médiatique).

J'aurais volontiers laissé cette place de pourfendeur à Lionel Tardy, qui, le 19 janvier 2012, lors de la séance consacrée à l'étude du texte sur "l'exploitation numérique des livres indisponibles du XXe siècle", lançait à l'Assemblée : « *ce texte, que l'on sent écrit par les éditeurs, pour les éditeurs.* » Mais le député, pourtant l'un des rares élus à comprendre les enjeux de l'ebook, n'a sûrement pas jugé l'atteinte aux écrivains assez profonde pour désavouer son parti.

- Peu importe cette loi, pour toi, finalement ! Puisque dans tous les cas, tu seras dans l'indépendance, dans l'opposition à la vieille édition, du côté d'Amazon, Apple, Kobo, Immateriel, Google...
- Ne laissons pas les éditeurs et les marchands, les installés, nous confisquer la révolution numérique en France. Il est des situations où ne rien écrire quand on peut dénoncer, c'est être un peu complice. Un certain devoir de vigilance m'a rapidement convaincu de délaisser un roman pour me consacrer à cette étude...

À l'amie qui s'est inquiétée d'un risque d'autocensure globale des journalistes après un tel texte iconoclaste, j'ai cité Marcel Aymé : « *la seule raison que nous ayons d'écrire, c'est pour dire des choses. Qu'importent les conséquences.* » Et si je reprends ici cette réplique, c'est en hommage à une plume qui osa rester libre dans des circonstances nettement plus dangereuses pour l'insoumission. Il répondait ainsi à Henri Jeanson, ami le mettant en garde sur le danger d'articles contraires à l'idéologie dominante, en 1940.

Pourquoi des livres ne sont plus disponibles en papier ?

Car les éditeurs ont préféré les détruire, les envoyer au pilon, plutôt que de respecter le contrat les obligeant à les maintenir disponibles. Ou n'ont pas réimprimé après leur épuisement... parce qu'ils ne croyaient pas à la rentabilité d'un nouveau tirage.

Mais pour qu'un auteur récupère ses droits de publier en papier, il doit faire constater ce manquement au contrat, en suivant la procédure décrite à l'article L.132-17 du Code de la Propriété Intellectuelle.

Tout auteur, ou tout ayants droit, est libre de mettre fin à cette indisponibilité, soit en exigeant de l'éditeur avec lequel l'auteur a signé, qu'il remplisse son contrat en rendant de nouveau le livre disponible, soit en récupérant les droits d'édition si l'éditeur le refuse.

Le Code de la Propriété Intellectuelle, en encadrant le contrat d'édition, a prévu qu'un éditeur, malgré un contrat le liant à l'auteur, pourrait un jour ne plus en assurer sa diffusion.

La première étape, si l'on avait souhaité rendre des vieux livres disponibles, aurait été d'analyser pourquoi, alors que tant d'auteurs peuvent récupérer les droits d'édition papier, ils ne l'ont pas encore fait ?

Réponse fréquente : il faut prouver qu'il n'est plus disponible... et si l'éditeur est de mauvaise foi, il peut ne pas automatiquement accepter l'évidence... et l'éditeur n'appréciera pas forcément une telle démarche alors que je souhaite lui présenter mon prochain roman...

Quitte à changer le code de la propriété intellectuelle, le souci des écrivains, des lectrices et lecteurs, aurait permis un retour sur le marché rapide de nombreuses œuvres en stipulant, par exemple, qu'un livre pour lequel l'éditeur n'a pas versé de droits d'auteur durant un an, est considéré comme épuisé, avec la conséquence de la rupture du contrat d'édition, sans formalité.

Pourquoi ces 500 000 œuvres... alors qu'il en existe bien plus d'indisponibles ?

Car les ebooks de ces œuvres ne peuvent pas être proposés légalement gratuitement... sauf si l'auteur le décide.

La Bnf n'a pas terminé de numériser les millions d'œuvres libres de droits... avec plus d'argent, elle numériserait plus. Il n'est pas certain que les « livres indisponibles » du vingtième siècle soient de meilleure qualité que les livres indisponibles des siècles précédents... C'est peut-être même le contraire ! Combien de navets ont édité nos vaillants éditeurs au vingtième siècle, uniquement par amitié ou pour la notoriété de l'auteur (ou du prétendu auteur) ? Comment des éditeurs qui ont envoyé au pilon des centaines de millions de bouquins peuvent aujourd'hui souhaiter les rééditer en numérique ! Pourquoi ? Car il y a du fric à faire, surtout si l'édition ne présente aucun risque financier...

Une manière de remplacer les œuvres du domaine public sur lesquelles les éditeurs réalisaient un confortable chiffre d'affaires et désormais disponibles gratuitement et légalement en numérique.

« Parmi les œuvres indisponibles du XXe siècle, deux cas de figure se présentent. Dans le premier, qui vaut pour 75 % à 80 % d'entre elles, les auteurs ou leurs ayants droit sont connus, ainsi que les éditeurs dont certains disposent ou non des droits selon qu'ils exploitent ou non l'œuvre. Dans le second, « zone grise » ou œuvres orphelines, les ouvrages relèvent encore du droit d'auteur sans que l'on puisse identifier les ayants droit. Comme il doit tout de même être possible d'exploiter cette catégorie d'œuvres, les sommes impossibles à répartir seront affectées par la SPRD à une ligne budgétaire

spécifiquement destinée au développement de la lecture publique. »

Hervé Gaymard, député, rapport aux parlementaires du 18 janvier 2012.

Offrir du chiffre d'affaires à la chaîne du livre...

Le contrat d'édition (papier)

Le contrat d'édition est encadré par l'article L 132-1 du Code de la Propriété Intellectuelle : « *Le contrat d'édition est le contrat par lequel l'auteur d'une œuvre de l'esprit ou ses ayants droit cèdent à des conditions déterminées à une personne appelée éditeur le droit de fabriquer ou de faire fabriquer en nombre des exemplaires de l'œuvre, à charge pour elle d'en assurer la publication ou la diffusion.* »

L'article L.132-12 stipule que « *l'éditeur est tenu d'assurer à l'œuvre une exploitation permanente et suivie et une diffusion commerciale, conformément aux usages de la profession.* »

L'interprétation de ces « usages de la profession » est difficile à cerner pour un écrivain : il résulte de la jurisprudence et un auteur hésite toujours à saisir un tribunal pour faire respecter ses droits, surtout contre un éditeur... par lequel il peut espérer encore être publié...

L'article L.132-17 précise que « *le contrat d'édition prend fin, indépendamment des cas prévus par le droit commun ou par les articles précédents, lorsque l'éditeur procède à la destruction totale des exemplaires.*
La résiliation a lieu de plein droit lorsque, sur mise en demeure de l'auteur lui impartissant un délai convenable, l'éditeur n'a pas procédé à la publication de l'œuvre ou, en cas d'épuisement, à sa réédition.
L'édition est considérée comme épuisée si deux demandes de livraisons d'exemplaires adressées à l'éditeur ne sont pas satisfaites dans les trois mois. »

Les livres indisponibles auxquels les parlementaires se sont souciés d'octroyer une vie numérique (sans la moindre demande des auteurs) sont donc des livres pour lesquels le contrat d'édition papier ne tient plus qu'à un fil : le constat d'une absence de livraison de deux livres sous trois mois. Constat nécessaire et suffisant. Peut-être même qu'un certificat de mise au pilon existe et que l'auteur ne sait pas qu'il lui redonne ses droits d'édition ! Si les parlementaires avait souhaité aider les écrivains, ils auraient simplifié, automatisé, ce constat de rupture du contrat par l'éditeur... alors qu'il aide l'éditeur à capter en plus les droits numériques.

Un chapitre est consacré au pilon. Si vos livres ont fini au pilon... vous pouvez vous servir de l'attestation de mise à pilon (qu'a dû vous remettre l'éditeur pour ne pas payer de droits d'auteurs sur les livres fabriqués) pour récupérer vos droits d'édition papier. Cet article L. 132-17 dispose bien que « le contrat d'édition prend fin, indépendamment des cas prévus par le droit commun, lorsque l'éditeur procède à la destruction totale des exemplaires. » Le contrat d'édition, le plus souvent, spécifie que l'éditeur doit informer l'auteur avant tout pilonnage.

Hervé Gaymard, dans son rapport aux parlementaires du 18 janvier 2012, aborde le sujet et note la nécessité d'un constat d'huissier : « *Quand il s'agit d'édition sur papier – qui ne fait pas l'objet de ce texte – « l'indisponibilité » est définie par l'absence d'exploitation régulière, définie au fil des ans par la jurisprudence : est considéré comme épuisé un livre neuf que plusieurs libraires ne parviennent pas, pendant plusieurs semaines, à fournir, et cela justifie qu'un auteur, considérant que l'éditeur exploite mal son œuvre et ayant fait constater la chose par huissier, puisse demander à reprendre ses droits. »* Procédure qui, à l'évidence, rebutera de nombreux auteurs...

La fausse excuse : contrer le projet Google Books

Hervé Gaymard, dans son rapport aux parlementaires, le 18 janvier 2012, justifie la loi par « *les initiatives d'opérateurs marchands, notamment Google dont la politique a consisté à numériser indifféremment les œuvres sous droits et libres de droits, rendent urgente la nécessité de légiférer. Le risque de voir un privé s'emparer d'un patrimoine public légitime l'intervention publique.* »
Yann Gaillard, dans son rapport pour le Sénat "*la politique du livre face au défi du numérique*", du 25 février 2010, notait pourtant « *Les libertés prises par Google avec les droits d'auteur doivent être relativisées. En effet, contrairement à ce qui est souvent affirmé, Google Livres ne permet pas d'accéder au texte des ouvrages sous droits non couverts par un accord avec l'éditeur, mais seulement d'effectuer des recherches de mots, trois courtes citations s'affichant alors. Ainsi, bien que Google Livres ait numérisé sans aucun accord une quinzaine de ses ouvrages, le rapporteur ne considère pas avoir été lésé.* »

Et tout le monde sait que le projet Google Livres a été stoppé, que les ayants droit, en majorité, refusaient le mécanisme d'*opt out*, une exigence incompatible avec la Convention de Berne et les principes de la propriété intellectuelle. Notre ministre de la culture, Frédéric Mitterrand, avait même fermement condamné ce projet. Monsieur Gaymard n'hésite pas à oublier, quand il s'agit de justifier ce projet, qu'il note dans le même rapport que M. Marcel Rogemont a déclaré : « *La justice américaine a condamné le règlement de Google Books concernant l'opt-out, c'est-à-dire la faculté donnée à un ayant droit de s'opposer à la numérisation d'office de ses œuvres, lui substituant le mécanisme de l'opt-in, qui implique l'accord explicite des titulaires de droits à la numérisation. Cela n'est pas sans rapport avec l'examen du texte dont nous débattons, lequel est plutôt axé sur le droit d'opposition. »*

Contre le projet Google Books souhaitant numériser les livres indisponibles, nos grands éditeurs français s'étaient levés, qui plus est aussi au nom des auteurs : vous vous rendez compte, si nous acceptions, l'auteur devrait demander le retrait de ses œuvres numérisées... sinon, c'est qu'il accepterait. Inacceptable ! Jamais l'on n'a vu cela, de contraindre un auteur ou son éditeur à une démarche pour conserver, protéger, ses droits. C'est pourtant ce que les parlementaires français ont voté... Le profit du système de l'édition française vous semble plus louable que celui de google ? Entre Lagardère et Google, faut-il choisir par qui nous serons mangés ?

En France, Google, pour utilisation non autorisée d'œuvres, a même été condamné par le Tribunal de Grande Instance de Paris le 18 décembre 2009, suite à la demande des *Editions du Seuil.*

Les éditeurs français ne remercieront sûrement jamais google de leur avoir prémâché le travail ! Il en est peut-être même pour pavoiser « *nous sommes bien plus rusés que le géant de l'Internet : là où google fut retoqué, la loi française s'est couchée.»*

Notions opt-in et opt-out

Elles sont arrivées en France avec le projet Google Books et entrées dans le langage courant du microcosme de l'édition. Donc il convient de les définir clairement.

L'opt-in : tout organisme souhaitant numériser une œuvre doit en demander l'autorisation au titulaire des droits numériques. C'est le respect du droit de propriété des écrivains.

L'opt-out : l'auteur (ou son ayant droit) a la possibilité de s'opposer à la numérisation de ses œuvres... en respectant une procédure très précise mise en place par l'organisme qui décide de numériser. Grave problème déontologique : qui informera l'auteur ? Il doit s'informer ! Nul auteur n'est censé ignorer la loi et si la loi considère qu'un auteur n'est plus totalement propriétaire de son œuvre, il doit effectuer les formalités nécessaires. La justice américaine a refusé l'application de ce principe à google... alors qu'un organisme "représentatif" d'auteurs avait signé un accord... Parfois, il est prétendu que l'organisation représentante des écrivains a signé l'accord avec google car elle n'avait plus les moyens de payer les frais de justice. Il faudra, en France, un jour, savoir pourquoi le représentant des écrivains, le patron de la SGDL, a accepté ce mécanisme de l'opt-out. Je vous invite, si vous le croisez, à revenir continuellement sur le sujet. De même, les membres de la SGDL qui n'ont pas peur se faire mal voir, pourraient le questionner en interne...

Cette loi replacée dans un combat plus vaste des éditeurs pour conserver des droits d'auteur... potentiellement perdus

L'information circule... très lentement. Bientôt des écrivains qui ont utilisé leurs droits numériques d'œuvres parues chez de "grands éditeurs" deviendront des exemples. Il suffit même de fouiner un peu pour en trouver... l'ebook en tête des ventes de la boutique Kindle d'Amazon (où il obtient son quarantième jour dans le top 100 le 13 mai 2012 avec un tarif attractif, 1,02 euro) fut auto-édité (il est noté éditeur : Daniel REZLAN) le 13 mars 2012 alors que "*Il faut tuer Léa Keller*" est "actuellement indisponible" (avec la précision « *nous ne savons pas quand cet article sera de nouveau approvisionné ni s'il le sera* ») en livre Broché ISBN 978-2226179463 des éditions Albin Michel du 22 mai 2007. À cette époque, Albin Michel prévoyait sûrement une clause pour la version numérique.

Ce livre semble être le début d'une série des aventures de Tom Valmer mais le site tomvalmer.com reste basic et ne fournit aucune information sur les motivations de l'auteur et sa démarche. J'ai contacté Daniel REZLAN. Sa réponse : « *Après une tractation avec mon éditeur, j'ai pu récupérer l'ensemble de mes droits auprès de l'éditeur.* »

Il faut tuer Léa Keller [Broché]
Daniel Rezlan ☑ (Auteur)

☆☆☆☆☆ ☑ (20 commentaires client) 👍 J'aime

Actuellement indisponible.
Nous ne savons pas quand cet article sera de nouve
le sera.

Formats	Prix Amazon Ne
Format Kindle	EUR 1,02
Broché	--

Si les auteurs connaissaient correctement leurs droits, nombre d'œuvres indisponibles seraient éditées en numérique.
Une loi pour prendre de vitesse l'information...

Franck Bellucci, dans la Newsletter de Kindle Direct Publishing, mai 2012, apporte un témoignage plus long :
« *Lorsque j'ai récupéré il y a quelques mois les droits pour mon roman et mon recueil de nouvelles, j'ai cherché à donner à ces œuvres une seconde vie et j'ai alors découvert l'autoédition et le livre numérique.*
C'est aussi à ce moment-là que j'ai moi-même acheté un Kindle. J'ai apprécié cette nouvelle manière de pratiquer la lecture et j'ai alors tout naturellement décidé de mettre mes textes en vente sur Amazon.
Et, à ma grande surprise, Ce Silence-là *a très vite rencontré un certain succès apparaissant dans le classement des meilleures ventes.* »

"*Ce silence-là*" fut publié par *Les Editions Demeter*, un éditeur d'Orléans, en mars 2008. Donc, une nouvelle fois, la question des droits numériques devait figurer, ce qui n'a pas empêché l'auteur de les récupérer... et les utiliser avec un bénéfice certain...

Je partage même son point de vue sur l'autoédition :
« *L'autoédition en version numérique est un outil fabuleux qui permet de diffuser rapidement et efficacement une œuvre et de lui donner une vraie chance de rencontrer un public. Toutefois, c'est un outil qui nécessite un vrai travail en amont, de préparation du texte, de correction, de mise en page. Il est donc indispensable de consacrer à ce travail le temps nécessaire. En fait, l'auteur doit prendre en charge les tâches généralement effectuées par l'éditeur. Mais étant moi-même de nature très indépendante et aimant avoir la maîtrise complète de mes projets, cette démarche me convient parfaitement. De la qualité de la présentation des livres numériques dépendent la crédibilité et l'avenir de ce mode d'édition. Chacun doit donc rester vigilant et exigeant sur ce point.* »

Le contrat d'édition en 2012

Quand un "éditeur classique" (ne pas confondre avec le compte d'auteur) accepte de publier une œuvre, l'acquisition simultanée des droits numériques avec les droits en papier, dans un même contrat, s'est généralisée. Parfois LE contrat est divisé en deux contrats mais signé en même temps.

Pour les auteurs ayant déjà publié dans cette maison d'édition, il n'est pas surprenant que l'éditeur glisse en même temps un avenant aux précédents contrats. L'auteur qui ne lit pas tout, tellement heureux d'avoir été accepté, peut donc accorder des conditions très avantageuses à son éditeur pour l'édition numérique... Par exemple avec le même taux.

Peu d'auteurs ont les moyens de refuser la cession des droits numériques quand ils signent un contrat d'édition.

Le Bief, Bureau international de l'édition française, notait, dans son étude "Achats et ventes de droits de livres numériques : panorama de pratiques internationales" publiée en mars 2011 : « *La politique du tout ou rien que pratiquent plusieurs maisons anglo-saxonnes, consistant à refuser d'acquérir les droits papier si les droits numériques ne sont pas inclus, semble être efficace par son caractère dissuasif.* » Ce qui ressemblait fort à un conseil aux éditeurs français !

Le même document analysait : « *Les cas de refus* [de céder les droits numériques] *connus sont des exceptions.*

En examinant la question de plus près, il apparaît que le refus de céder les droits est plus souvent le fait des agents que des auteurs. À l'instar du cas très médiatisé de l'agence Wylie, refusant un temps de céder les droits numériques de plusieurs de ses auteurs pour les titres du fonds, afin de commercialiser directement ces œuvres via le distributeur Amazon, d'autres agents renommés préfèrent conserver les droits, au moins temporairement, tels Carmen Balcells en Espagne (pour les auteurs de langue espagnole), ou Roberto Santachiara en Italie. Dans le cas de ce dernier, son refus est motivé non pas par un projet d'exploitation directe, contrairement à Wylie ou Balcells, mais par le niveau de rémunération couramment proposé à l'international – 25 % de la somme nette reçue – qu'il juge insuffisant. »

Pourtant : « *Quelques auteurs conservent leurs droits à des fins d'autoédition...*

*Les éditeurs rencontrés ailleurs (Londres, Munich, São Paulo, Tokyo, New York) rapportent également des refus épisodiques. Plusieurs raisons peuvent expliquer le choix de conserver les droits. Bien souvent, les auteurs souhaitent simplement attendre de voir comment évolue le marché et les rémunérations. L'**autoédition** attire certains d'entre eux et, en raison de la tentation que celle-ci représente, tout éditeur est désormais en droit de craindre le départ d'auteurs phares, dont la production assurait jusque-là une part importante des revenus de la maison. »*

Constat pourtant suivi d'une entrée détaillant ***"l'autoédition est pour l'instant un phénomène marginal, voire inexistant."***

Mais les éditeurs français étaient prévenus : **« L'autoédition attire certains d'entre eux et, en raison de la tentation que celle-ci représente, tout éditeur est désormais en droit de craindre le départ d'auteurs phares, dont la production assurait jusque-là une part importante des revenus de la maison. »**

Rémunération des droits numériques
« *Application fréquente du taux de 25 % de la somme nette reçue*

Concernant la rémunération des auteurs, on observe

fréquemment, à l'international, l'application d'un taux de 25 %, assis sur la somme nette reçue par l'éditeur (net receipts). Néanmoins, les usages diffèrent parfois dans les contrats nationaux, et plusieurs exceptions sont à signaler. Initiée aux États-Unis, la pratique des 25 % s'est d'abord répandue dans les pays anglo-saxons (Amérique du Nord, Royaume-Uni), pour gagner ensuite les pays d'Europe continentale. C'est désormais une pratique largement acceptée dans les pays latins (Espagne, Italie), mais aussi en Suisse et dans les pays scandinaves. »

Bief, "Achats et ventes de droits de livres numériques : panorama de pratiques internationales" mars 2011

Alors que le taux moyen des droits d'auteur d'un livre papier se situe autour de 10%, les éditeurs semblent communiquer sur un taux de 25 %... des sommes reçues par l'éditeur. Choquant : l'éditeur gagne directement quatre fois plus que l'auteur. Et indirectement... il peut empocher nettement plus. Que reste-t-il sur un ebook vendu 10 euros ? Tout dépend du circuit de distribution ! Les principaux sites de vente (Amazon, Fnac, Itunes, Kobo) travaillent à 30%, la TVA oscille entre 3% (pour les entreprises dont le siège est au Luxembourg) et 7% pour celles en France (désormais, 2013, à 5,5%). Mais de l'éditeur au vendeur, un distributeur s'impose. Rares sont les éditeurs à travailler en direct. Quel est sa marge ? Immateriel, edistributeur de mes ebooks, travaille à 10%. Mais quelle marge chez les edistributeurs créés par des éditeurs, dont la mission "secrète" pourrait se révéler, à l'usage, de faire remonter des liquidités aux actionnaires dans le dos des auteurs ?

Avec une marge edistributeur à 10%, 57% du montant généré sur Amazon revient à l'éditeur. L'auteur recevra alors moins de 15% du prix TTC de son ebook. On comprend qu'il soit insatisfait d'un prix de l'ebook divisé par trois ou même deux par rapport au papier et qu'il soutienne son éditeur souhaitant un tarif élevé... quand il a adopté ce raisonnement.

Mais imaginons une marge edistributeur à 30%, il ne reste plus que 37% du montant généré sur Amazon et l'auteur, avec un quart de cette somme, n'atteint même pas 10% du prix de vente en droits d'auteur ! Quant aux actionnaires de l'éditeur, s'ils récupèrent les 30% via une filiale d'edistribution, ils empochent six fois plus que l'auteur. Ils pourraient même toucher encore plus s'ils parvenaient à créer un "portail des éditeurs" pour, naturellement, concurrencer l'hydre Amazon ! Naturellement des libraires, naturellement indépendants, pourraient prendre quelques pour cent du capital pour ainsi justifier l'annonce "portail des éditeurs et libraires" sur lequel toute bonne lectrice, tout bon lecteur, serait prié d'acheter.

M. David Assouline, au Sénat, le 29 mars 2011, analysait : *« Avec le livre numérique, l'éditeur touchera sept fois plus que l'auteur ! »*

L'utilisation, plutôt qu'un taux sur le prix de vente, *« d'un taux de 25 %, assis sur la somme nette reçue par l'éditeur »,* ouvre la porte à ce genre d'entourloupe...

Le rôle du distributeur vous est inconnu ?
« Alors que dans les autres pays comparables l'éditeur et le distributeur sont deux acteurs bien distincts, les principales maisons d'édition françaises ont développé leur propre circuit de distribution, à l'exemple de la Sodis appartenant à Gallimard ou de Volumen dans le cas du groupe La Martinière. En contrôlant le processus de distribution, les éditeurs français se sont donnés les moyens de dégager des marges plus importantes qu'avec leur seule activité éditoriale.
L'intégration de la distribution reste aujourd'hui encore

l'une des principales sources de la bonne santé économique des éditeurs français (...)
Avec la transmission directe d'un texte depuis une plate-forme de téléchargement vers une tablette ou une liseuse, l'impression et la distribution du livre ne sont plus nécessaires. Or c'est cette dernière étape de la chaîne du livre qui est aujourd'hui la source majeure de rémunération pour l'éditeur. »
Note d'analyse officielle gouvernementale, mars 2012
http://www.strategie.gouv.fr/system/files/2012-03-19-livrenumerique-auteurs-editeurs-na270_0.pdf

Avec le livre papier, les éditeurs gagnaient des deux côtés, édition et distribution. Avec le numérique, ils souhaitent reproduire le même système...

Même si "*systèmes de protection utilisés*" ne concerne pas directement le contrat d'édition, le regard du Bief dans le même dossier de mars 2011, se justifie... pour bien montrer qu'avec un éditeur l'auteur perd, en plus de la quasi totalité du chiffre d'affaires généré, la liberté d'éléments essentiels pour un ebook, dont l'ajout ou non de ce DRM :

« Toutes les maisons rencontrées recourent désormais aux systèmes DRM pour protéger leurs fichiers (dispositifs de gestion des droits numériques, ou Digital Rights Management). Dans quelques cas marginaux, signalés en Espagne et au Brésil, certains auteurs choisissent de ne pas protéger leur œuvre par DRM ou par d'autres systèmes. Les DRM sont habituellement installés par les distributeurs. Le coût de l'encodage est variable, mais souvent n'est pas connu avec exactitude par les éditeurs, car compris dans le service fourni par la plateforme distributrice. Lorsqu'il est connu, les chiffres communiqués varient entre 0,15€ et 0,20€ par copie.

La technique du watermarking (tatouage numérique) est considérée comme plus simple à mettre en œuvre, mais moins efficace et moins fiable. Cette protection est utilisée occasionnellement en interne par les éditeurs pour faire circuler les manuscrits au stade de l'édition afin de prévenir les risques de fuite, en particulier lorsqu'il s'agit de bestsellers potentiels. Quelques maisons s'en servent également pour communiquer aux journalistes et aux agents les bonnes feuilles au format PDF. D'autres maisons enfin utilisent le watermarking pour protéger des livres numériques dont les droits sont tombés dans le domaine public. »

L'auteur perd aussi la liberté de modifier le prix de vente de son œuvre, paramètre essentiel dans la vie d'un ebook.

L'insertion d'une clause de révision des conditions de rémunération se pratique désormais mais quand on constate qu'il semble normal qu'un éditeur gagne quatre fois plus qu'un auteur, on se demande sur quel critère cette renégociation pourrait s'engager...

Juridique : les droits numériques sont considérés comme des droits premiers et constituent donc une extension du contrat d'édition.

Les contrats d'édition sans clause numérique

L'éditeur du livre en papier possède-t-il les droits numériques contractuellement ? Non quand ils ne sont pas clairement stipulés au contrat. Un avenant est donc nécessaire si l'auteur et l'éditeur sont d'accord. Sinon l'auteur est propriétaire de ces droits, sans formalité.

Certains inventent une incertitude mais l'article L. 131-3 est sans ambiguïté : « *La transmission des droits de l'auteur est subordonnée à la condition que chacun des droits cédés fasse l'objet d'une mention distincte dans l'acte de cession et que le domaine d'exploitation des droits cédés soit délimité quant à son étendue et à sa destination, quant au lieu et quant à la durée.* »

Dans *le Monde* du 21 janvier 2011, Antoine Gallimard, précisait « *Les éditeurs intègrent au contrat d'édition une clause ou lui adjoignent un avenant portant sur les droits numériques. La grande majorité des auteurs confient ainsi les droits numériques de leur livre à leur éditeur. Plusieurs dizaines de milliers d'avenants ont été conclus, sans compter les contrats d'édition pour les nouveautés qui incluent depuis longtemps déjà des clauses sur les droits numériques.* »

Pour les auteurs "importants", aux ventes importantes, le vide contractuel semble donc être passé par la négociation... qui peut avoir été rapide, genre « je publie votre nouveau livre à condition que vous signiez un avenant pour vos précédents ouvrages. » Plus diplomatique : "avant d'aborder votre nouveau contrat pour ce roman auquel je crois énormément, sur lequel nous allons mettre le paquet en communication, sûrement obtenir un prix, une petite formalité au sujet de ce numérique qui peut vous permettre d'obtenir quelques revenus supplémentaires sur vos premiers livres que nous avons eu le plaisir d'éditer."

Dans cet article du *Monde*, Antoine Gallimard apportait des éclaircissements sur le taux utilisé :

« *Que proposent les éditeurs à leurs auteurs pour l'exploitation numérique de leurs livres ? Malgré le contexte d'incertitude du marché et les investissements qu'ils font, les éditeurs proposent à leurs auteurs des taux de rémunération au moins égaux à ceux du livre imprimé, en retenant de plus en plus fréquemment le "haut de la fourchette" de ces taux et en l'asseyant sur le prix public (et non sur leur chiffre d'affaires net).* »

Pour justifier ce taux :

« *Avant de parler de juste répartition, encore faut-il pouvoir mesurer la réalité financière de ce marché.*
Pour honorer son engagement contractuel de diffuser et faire connaître les œuvres sous forme numérique sur tous les réseaux, l'éditeur doit investir en recherche et développement dans ce nouveau métier.
Contrairement à l'idée reçue, l'édition numérique fait apparaître de nouveaux coûts pour l'instant non maîtrisés. Il ne s'agit plus seulement de fournir des fichiers numérisés des œuvres, mais d'assurer leur protection et leur diffusion au travers de plateformes complexes et variant selon les environnements technologiques.
C'est un nouveau circuit qu'il s'agit de maîtriser, tout en tenant compte de l'ensemble des canaux de distribution, en particulier celui de la librairie.
Quant à l'absence de stocks physiques, toujours mise en avant, elle ne signifie pas la disparition des frais de fabrication (préparation, composition, correction...), de diffusion, de promotion ou de distribution. »

C'est sûrement un peu à monsieur Gallimard que répondait M. David Assouline, au Sénat, le 29 mars 2011 : *« Quand je vois les éditeurs s'insurger contre une petite phrase sur « la rémunération juste et équitable des auteurs », je me dis que les masques tombent. (...) Avec le numérique, nombre de coûts vont être atténués, du papier à l'imprimerie et au stockage, on pourrait donc se préoccuper enfin des auteurs. Et on nous dit « Oh non, surtout pas » ! (...) À l'heure actuelle, 55 % de coût du livre représente la distribution, 15 % l'impression, 20 % l'éditeur et 10 % l'auteur. Avec le livre numérique, l'éditeur touchera sept fois plus que l'auteur ! (...) Les éditeurs japonais, américains, canadiens m'ont dit la même chose : le numérique réduit de 40 % les coûts d'édition. »*

Il faut rappeler la réponse de Vianney de la Boulaye en décembre 2010 : *« Le contrôle des droits par Hachette de ses auteurs est primordial. Bien sûr se pose la question de la titularité des droits numériques par Hachette, qui est une condition pour pouvoir rentrer dans le cadre du protocole d'accord. Hachette va devoir revenir vers certains auteurs ponctuellement et réfléchit actuellement à comment "régulariser" au mieux. De même, dans certains contrats antérieurs à la loi de 1957, il n'y a pas de cession de droit. La gestion collective obligatoire est un recours imparable, mais elle ne sera pas mise en place avant 2012-2013... »*

La *"gestion collective obligatoire"* est bien une arme des éditeurs contre les écrivains réticents à signer un avenant.
Est-ce que la loi du 1er mars 2012 inaugure une vaste ambition vers "la gestion collective obligatoire" ?

Précision : des contrats contiennent une "clause d'avenir",

qui englobe la cession des droits d'exploitation sous une forme non prévue à la date du contrat. Ces clauses sont légales, réglementées par l'article L. 131-6. (« *La clause d'une cession qui tend à conférer le droit d'exploiter l'œuvre sous une forme non prévisible ou non prévue à la date du contrat doit être expresse et stipuler une participation corrélative aux profits d'exploitation.* »)

L'article L132-5, alinéa 2, modifié par la loi du 26 mai 2011, stipule « *le contrat d'édition garantit aux auteurs, lors de la commercialisation ou de la diffusion d'un livre numérique, que la rémunération résultant de l'exploitation de ce livre est juste et équitable. L'éditeur rend compte à l'auteur du calcul de cette rémunération de façon explicite et transparente.* »

Mais "juste et équitable" se définit difficilement juridiquement...

Notion d'œuvre « indisponible »

Pourquoi avoir introduit dans la loi le concept d'œuvre indisponible, quand l'article L.132-17 prévoyait déjà celle d'édition épuisée ?

L'indisponibilité du livre semble pourtant exposée dans l'article L. 132-12, quand il impose à l'éditeur « *d'assurer à l'œuvre une exploitation permanente et suivie et une diffusion commerciale, conformément aux usages de la profession* ». L'alinéa 2 de l'article L. 132-17 prévoit même que « *la résiliation a lieu de plein droit* » quand l'éditeur n'assume plus ses devoirs envers l'œuvre retenue.

Un nouveau concept : simplement pour qu'on ne puisse pas utiliser la liste des œuvres indisponibles pour réclamer à l'éditeur ce qu'il doit à l'auteur en cas d'édition épuisée, c'est-à-dire le retour à l'auteur des droits de l'édition papier. L'éditeur sait que cette formalité rebute l'auteur... qui a toujours cette crainte de se faire mal voir par un éditeur, un homme aussi puissant, aux multiples pouvoirs, aux innombrables relations...

Un accord gauche droite sur le sujet... pour une loi rapidement adoptée...

Non, il ne s'agissait pas pour le gouvernement de passer un texte avant son (possible... probable) remplacement par une équipe socialiste : il n'y eut pas d'opposition, ni au Parlement ni au Sénat.

Le 21 octobre 2011, M. Jacques Legendre a déposée une proposition de loi relative à l'exploitation numérique des livres indisponibles du XXe siècle.
Le 8 décembre 2011, le Gouvernement a engagé la procédure accélérée sur cette proposition de loi.

Mme Bariza Khiari fut nommée rapporteur des travaux le 2 novembre 2011. Son rapport fut déposé le 30 novembre 2011.
La discussion en séance publique s'est tenue le vendredi 9 décembre 2011 au Sénat, et la proposition de loi relative à l'exploitation numérique des livres indisponibles du XXe siècle, y fut adoptée en première lecture.

Le texte est alors arrivé à l'Assemblée nationale le 12 décembre 2011... il fut renvoyé à la commission des affaires culturelles et de l'éducation.
Le 14 décembre 2011, la commission des affaires culturelles a nommé M. Hervé Gaymard rapporteur.
Examen du texte au cours de la réunion du 18 janvier 2012, suivi d'une discussion en séance publique le lendemain, où la proposition de loi fut modifiée en 1ère lecture.

Convocation d'une commission mixte paritaire, présidée par Mme Marie-Christine Blandin (qui fut présidente écologiste de la Région Nord-Pas-de-Calais). Avec M. Hervé Gaymard et Mme Bariza Khiari comme rapporteurs.

Leur rapport fut déposé le 2 février 2012 à l'Assemblée nationale et au Sénat.

Discussion en séance publique au Sénat le 13 février 2012 et à l'Assemblée nationale le 22 février 2012.

Ainsi la proposition de loi relative à l'exploitation numérique des livres indisponibles du XXe siècle, fut adoptée par l'Assemblée nationale le 22 février 2012, dans les conditions prévues à l'article 45, alinéa 3, de la Constitution.

Au Sénat, comme à l'Assemblée nationale, cette loi fut adoptée à une affligeante unanimité, même si le faible nombre d'élus au moment des votes a choqué. J'ai questionné, le 26 mai 2012, à Montaigu de Quercy où elle fit un rapide passage électoral, madame Sylvia Pinel, députée du Tarn-et-Garonne, néo ministre déléguée à l'Artisanat, au Commerce et au Tourisme. Elle n'a pas suivi ce texte. Elle était opposée à ces lois en fin de législature. L'édition n'est pas sa spécialisation. Elle a fait confiance aux notes des spécialistes de ce domaine dans son groupe. Qui plus est, elle était déjà sur le terrain, pour la campagne présidentielle de François Hollande. Une loi dans l'indifférence des parlementaires. Les députés godillots...

Un vol organisé... est-ce outrancier ?

Est-il outrancier de conclure que la loi a organisé le vol de droits d'auteurs ?

Quand un écrivain possède un droit et qu'on le lui prend sans son accord, est-ce du vol ou un échange équitable ?

Certes, la loi prétend rendre service aux œuvres en leur octroyant la possibilité d'une nouvelle vie, grâce à laquelle un peu d'argent reviendra aux créateurs... Le souci des écrivains me semble insuffisamment présent dans ce texte !

Après avoir considéré les internautes comme de vulgaires voleurs durant des années, les parlementaires ont suivi les lobbies des éditeurs, au nom naturellement de l'exception culturelle ! Une loi immorale. Immorale ? Les éditeurs n'ont pas respecté ces œuvres, en n'assurant plus leur disponibilité, et c'est à ces éditeurs que la loi accorde des droits numériques ! Vous avez méprisé ce texte dans sa version papier, faites du fric avec la numérique !

Aberration, sophisme...

Le modèle économique d'Amazon, redistribuant jusqu'à 70% des revenus hors taxe d'une œuvre à son créateur, est combattu par les éditeurs qui redistribuent environ 10% des revenus hors taxe d'une œuvre. Et ceci, au nom des écrivains ! Ecrivains, libraires, éditeurs, lectrices, lecteurs tous unis contre Amazon !
Qu'éditeurs et libraires défendent leur pain, le combat se comprend. Mais que les écrivains tombent dans le panneau est grotesque. Quant aux lectrices et lecteurs, je pense qu'ils sont plus attachés aux écrivains qu'aux éditeurs. Qui plus est, ils seront largement bénéficiaires de la transformation du monde de l'édition si le modèle Amazon-Ecrivains indépendants s'impose : les prix des œuvres sont ainsi appelés à être divisés par trois ou quatre. Avant de parler de livre en papier ou numérique, il s'agit d'œuvres, plus ou moins bonnes. Et les auteurs qui ont suivi les éditeurs au vingtième siècle savaient que leur *bébé* aurait deux mois pour se faire connaître, trouver un véritable public, avec ensuite déclinaison en livre de poche, ou qu'il finirait dans l'oubli, avec passage probable au pilon des invendus. Pendant ce temps-là, des auteurs débroussaillaient une autre voie, l'indépendance...

Quant aux politiques, ils démontrent une nouvelle fois, avec leurs lois pour les éditeurs, qu'ils vivent et pensent du côté des installés. Ils peuvent écrire dans un programme électoral "développer l'économie numérique" (même madame Sylvia Pinel l'écrit), en réalité ils soutiennent éditeurs, libraires... contre les écrivains indépendants, contre le nouveau modèle économique du numérique, où enfin le créateur pourrait vivre dignement de ses œuvres.
Le changement de président fut précédé par des soutiens

du candidat François Hollande aux installés du monde du livre et depuis longtemps les élus de gauche, dans les régions et départements, ont choisi leur camp. Est-ce que l'information peut lutter contre des idées reçues ?... Essayons, malgré tout ! Mais organisons-nous pour le cas très probable où la politique du gouvernement Ayrault ressemblerait à celle du gouvernement Fillon.

Sous les acclamations du SNE et de la SGDL, la LOI n° 2012-287 du 1er mars 2012 relative à l'exploitation numérique des livres indisponibles du XXe siècle

Dès le 23 février 2012, après l'adoption du texte dans la nuit au Parlement, un communiqué de presse de triomphe, signé de la Société des Gens de Lettres et du Syndicat national de l'édition. Tout est pour le mieux dans le meilleur des mondes quand le représentant des éditeurs et celui des écrivains se félicitent d'une loi ? (sauf, naturellement, que la SGDL a perdu le peu de crédibilité qu'il lui restait dans la prétendue défense des écrivains) :

« La Société des gens de Lettres et le Syndicat national de l'édition se réjouissent de l'adoption par le Parlement de la loi relative à l'exploitation numérique des livres indisponibles du XXe siècle.

Cet important projet, initié par le Ministère de la Culture en 2010, avait fait l'objet d'un accord-cadre signé le 1er février 2011 par le Ministère de la Culture, le Commissariat général à l'investissement, la Bibliothèque nationale de France, le SNE et la SGDL.

L'objectif de ce projet est de permettre au public d'accéder aux œuvres du patrimoine littéraire du XXe siècle qui, bien que sous droits, ne sont plus commercialement disponibles aujourd'hui. Environ 500 000 ouvrages, présents au catalogue du dépôt légal de la BnF, seraient ainsi concernés par cette numérisation qui vise à l'exhaustivité. Celle-ci permettra en outre de rendre disponibles les œuvres dites orphelines, pour lesquelles les titulaires de droit n'ont pu être retrouvées.

La loi prévoit également la mise en place d'une société de gestion collective paritaire auteurs/éditeurs pour assurer la perception et la répartition équitable des droits d'auteur lors de la commercialisation de ces ouvrages. Ce projet constitue donc pour les ayants droit une réelle opportunité de deuxième diffusion et de rémunération de ces œuvres.

La SGDL et le SNE ont été associés à toutes les étapes du développement de ce projet et se félicitent aujourd'hui de sa réalisation. Ce système innovant permettra, dans le respect des droits des auteurs et des éditeurs, l'accès à plusieurs centaines de milliers d'ouvrages actuellement indisponibles pour le lecteur. »

Y'a parfois des oeufs pourris qui devraient se perdre ! Vous préférez des coups de pieds au cul ?

Analyse du texte article par article

« Article 1 »

« Le titre III du livre Ier de la première partie du code de la propriété intellectuelle est complété par un chapitre IV ainsi rédigé : »

« Chapitre IV »

« Dispositions particulières relatives à l'exploitation numérique des livres indisponibles »

« Art. L. 134-1. - On entend par livre indisponible au sens du présent chapitre un livre publié en France avant le 1er janvier 2001 qui ne fait plus l'objet d'une diffusion commerciale par un éditeur et qui ne fait pas actuellement l'objet d'une publication sous une forme imprimée ou numérique. »

Dès qu'un livre est indisponible, les conditions sont remplies pour permettre à l'auteur de rompre son contrat d'édition papier avec l'éditeur, au nom de l'article L.132-17 stipulant que *« le contrat d'édition prend fin, indépendamment des cas prévus par le droit commun ou par les articles précédents, lorsque l'éditeur procède à la destruction totale des exemplaires.*
La résiliation a lieu de plein droit lorsque, sur mise en demeure de l'auteur lui impartissant un délai convenable, l'éditeur n'a pas procédé à la publication de l'œuvre ou, en cas d'épuisement, à sa réédition.
L'édition est considérée comme épuisée si deux demandes de livraisons d'exemplaires adressées à l'éditeur ne sont pas satisfaites dans les trois mois. »
La différence, c'est que l'état, pour inscrire un livre parmi les indisponibles, s'exempte de mise en demeure à

l'éditeur, n'a pas besoin de démontrer que « *deux demandes de livraisons d'exemplaires adressées à l'éditeur ne sont pas satisfaites dans les trois mois.* »

On constate donc que l'état peut déclarer indisponible un livre pour en permettre l'édition numérique au nom de cette loi mais qu'en même temps, si l'auteur lance une procédure pour obtenir la preuve que « *deux demandes de livraisons d'exemplaires adressées à l'éditeur ne sont pas satisfaites dans les trois mois* », l'éditeur aura trois mois pour réimprimer l'œuvre. Dès que l'œuvre sera numérisée (aux frais de l'état), l'éditeur papier pourra utiliser ce fichier pour réaliser une impression à la demande, et donc empêcher l'auteur de rompre le contrat au nom de l'article L.132-17 !

Naturellement, des "cas particuliers" peuvent figurer dans les contrats, exemple, que toute réédition sera d'au moins 1000 exemplaires, ce qui ne saurait alors permettre de prétendre à la réédition avec une impression numérique limitée à 2 exemplaires.

« Art. L. 134-2. - Il est créé une base de données publique, mise à disposition en accès libre et gratuit par un service de communication au public en ligne, qui répertorie les livres indisponibles. La Bibliothèque nationale de France veille à sa mise en œuvre, à son actualisation et à l'inscription des mentions prévues aux articles L. 134-4, L. 134-5 et L. 134-6. »

Des auteurs concernés par cette loi ne liront pas ce livre car internet reste, pour eux, un autre monde. Ces auteurs n'entendront peut-être même jamais parler de cette loi. Et un jour, l'un de leurs enfants, s'ils ont des enfants, prétendra avoir acheté le livre de leur jeunesse sur Internet ! Comment penser qu'il est suffisant, pour des auteurs qui ne connaissent pas l'univers du livre numérique (sinon ils auto-éditeraient leur œuvre ou lui chercheraient un nouvel éditeur, comme ils en ont le droit), d'inscrire une œuvre dans une base de données publique, pour que l'information soit considérée lui avoir été communiquée ? Le célèbre "nul n'est censé ignorer la loi" !

« Toute personne peut demander à la Bibliothèque nationale de France l'inscription d'un livre indisponible dans la base de données. »

À noter que les œuvres publiées en auto-édition, donc répertoriées au dépôt légal, peuvent se retrouver dans cette liste (l'auteur est aussi éditeur, ses livres possèdent un numéro d'ISBN). On sent que dans "l'esprit" de la loi, il s'agit d'œuvres publiées par des éditeurs membres du SNE mais aucun article n'exclut les œuvres publiées "autrement." L'indisponible est "*un livre publié en France avant le 1er janvier 2001...*"

« L'inscription d'un livre dans la base de données ne préjuge pas de l'application des articles L. 132-12 et L. 132-17. »

J'avais effectivement tiré cette conclusion de l'article L. 134-1 mais le législateur a jugé nécessaire de le préciser... sûrement pour éviter qu'un avocat défenseur d'un auteur, essaye de faire valoir que l'inscription était suffisante.

> Article L132-12
> L'éditeur est tenu d'assurer à l'œuvre une exploitation permanente et suivie et une diffusion commerciale, conformément aux usages de la profession.

Article L132-17

Le contrat d'édition prend fin, indépendamment des cas prévus par le droit commun ou par les articles précédents, lorsque l'éditeur procède à la destruction totale des exemplaires.

La résiliation a lieu de plein droit lorsque, sur mise en demeure de l'auteur lui impartissant un délai convenable, l'éditeur n'a pas procédé à la publication de l'œuvre ou, en cas d'épuisement, à sa réédition.

L'édition est considérée comme épuisée si deux demandes de livraisons d'exemplaires adressées à l'éditeur ne sont pas satisfaites dans les trois mois.

En cas de mort de l'auteur, si l'œuvre est inachevée, le contrat est résolu en ce qui concerne la partie de l'œuvre non terminée, sauf accord entre l'éditeur et les ayants droit de l'auteur.

Hervé Gaymard, dans son rapport aux parlementaires du 18 janvier 2012, résumait : "*l'article L. 132-12 dispose que « l'éditeur est tenu d'assurer à l'œuvre une exploitation permanente et suivie et une diffusion commerciale, conformément aux usages de la profession ». À défaut, le contrat d'édition peut être résilié et l'auteur peut récupérer ses droits. Le principe retenu par la proposition de loi est celui d'une totale neutralité entre les deux régimes juridiques : l'auteur d'une œuvre indisponible pourra demander la résiliation de son contrat s'il estime que l'éditeur ne s'est pas acquitté de ses obligations au titre de l'article précité, mais un juge ne pourra déduire l'absence d'exploitation permanente et suivie du fait de l'inscription dans la liste des livres indisponibles. À l'inverse, l'éditeur ne pourra se prévaloir de la nouvelle disponibilité numérique pour s'opposer à la résiliation d'un contrat."*

« Art. L. 134-3. -
I. - Lorsqu'un livre est inscrit dans la base de données mentionnée à l'article L. 134-2 depuis plus de six mois, le droit d'autoriser sa reproduction et sa représentation sous une forme numérique est exercé par une société de perception et de répartition des droits régie par le titre II du livre III de la présente partie, agréée à cet effet par le ministre chargé de la culture. »

« Sauf dans le cas prévu au troisième alinéa de l'article L. 134-5, la reproduction et la représentation du livre sous une forme numérique sont autorisées, moyennant une rémunération, à titre non exclusif et pour une durée limitée à cinq ans, renouvelable. »

Six mois pour réagir, sinon la machine de désappropriation des droits a gagné ! Et l'éditeur d'origine obtiendra 10 ans les droits, à titre exclusif, tacitement renouvelable (c'est l'exception prévue à l'article L. 134-5 !)

Les auteurs peuvent-ils accorder leur confiance à une société de perception et de répartition des droits ? Membre de la sacem, société de perception et répartition des droits pour les auteurs compositeurs et éditeurs de musique, je réponds NON. La sacem, dont les frais généraux (très hauts salaires...) frisent les 20% des sommes perçues (ce chiffre est parfois minoré par une présentation biaisée où les charges sont d'abord réduites des revenus financiers... car ces ressources sont naturellement issues du travail de la société et non de celui des auteurs... le "seul" problème dans ce raisonnement étant que le capital est constitué des sommes non réparties ; il existe aussi à la sacem des œuvres dont le propriétaire n'est pas retrouvé...).

La sacem fut organisée au service d'une certaine idée de la musique, avec des membres "de base" et des membres professionnels et définitifs. Les membres "de base", environ 95% de l'effectif, ne peuvent postuler au Conseil d'administration, donc la politique est conduite par un conseil d'administration issu d'une oligarchie, celles et ceux qui ont obtenu plusieurs années de revenus élevés... Pour obtenir des revenus élevés, mieux vaut travailler avec une major...

La sacem a aussi instauré une "cotisation sacem" à chaque répartition, qui permet de manger en totalité les faibles droits, droits payés uniquement s'ils dépassent un seuil. Ainsi, à la répartition suivante, la "cotisation sacem" pourra manger le reste dans bien des cas... Naturellement, des auteurs ont validé ce mode de fonctionnement (ceux de l'oligarchie du conseil d'administration) et toute société de répartition trouvera des créateurs disposés à suivre les intérêts des exploiteurs des artistes. Il se créera une nouvelle oligarchie. Des auteurs obtiendront quelques avantages, naturellement toujours dans le cadre de la loi, comme une bourse d'un organisme, une sinécure, l'édition d'un livre médiocre...

« II. - Les sociétés agréées ont qualité pour ester en justice pour la défense des droits dont elles ont la charge. »

Rien ne semble interdire qu'une société agréée puisse un jour ester en justice contre l'auteur qui déciderait d'auto-éditer son œuvre alors qu'elle est déjà éditée via cette loi, « *à titre exclusif* », naturellement sans son autorisation explicite. Expropriation !

« III. - L'agrément prévu au I est délivré en considération : »

« 1° De la diversité des associés de la société ; »

« 2° De la représentation paritaire des auteurs et des éditeurs parmi les associés et au sein des organes dirigeants ; »

« 3° De la qualification professionnelle des dirigeants de la société ; »

Avoir été un membre influent du SNE ou de la SGDL, est considéré comme une grande qualification professionnelle ?

« 4° Des moyens que la société propose de mettre en œuvre pour assurer la perception des droits et leur répartition ; »

« 5° Du caractère équitable des règles de répartition des sommes perçues entre les ayants droit, qu'ils soient ou non parties au contrat d'édition.

Le montant des sommes perçues par le ou les auteurs du livre ne peut être inférieur au montant des sommes perçues par l'éditeur ; »

Sans même figurer au contrat d'édition (pour la version papier), un éditeur peut devenir ayant droit de la version numérique, par exemple si l'éditeur papier initial a disparu.

« 6° Des moyens probants que la société propose de mettre en œuvre afin d'identifier et de retrouver les titulaires de droits aux fins de répartir les sommes perçues ; »

Il est intéressant d'opposer à ce point six, l'analyse de monsieur Hervé Gaymard, dans son rapport aux parlementaires du 18 janvier 2012 : « *Étant donné que le fonds d'œuvres indisponibles du XXe siècle est estimé à environ 500 000 ouvrages encore sous droits, rechercher les ayants droit de chacune de ces œuvres se révèle matériellement impossible. Cette entreprise, coûteuse en temps et en moyens, est bien entendu inenvisageable pour les éditeurs, pour qui rééditer la plupart de ces œuvres ne présente aucune rentabilité économique.* » Donc, l'argent collecté par la société de gestion servira à retrouver les titulaires des droits... il risque ainsi d'absorber ces droits durant des années... si réellement il est vrai qu'il est difficile de retrouver les titulaires des droits.

« 7° Des moyens que la société propose de mettre en œuvre pour développer des relations contractuelles permettant d'assurer la plus grande disponibilité possible des œuvres ; »

« 8° Des moyens que la société propose de mettre en œuvre pour veiller à la défense des intérêts légitimes des ayants droit non parties au contrat d'édition. »

Ces huit points permettent toutes les dérives constatées dans les sociétés de perception de droits.

Les moyens probants que la société propose de mettre en œuvre afin d'identifier et de retrouver les titulaires de droits pourraient justifier l'emploi de centaines d'amis ?

« IV. - Les sociétés agréées remettent chaque année à la commission permanente de contrôle des sociétés de perception et de répartition des droits mentionnée à l'article L. 321-13 un rapport rendant compte des moyens mis en œuvre et des résultats obtenus dans la recherche des titulaires de droits, qu'ils soient ou non parties au contrat d'édition. »

« La commission peut formuler toute observation ou

recommandation d'amélioration des moyens mis en œuvre afin d'identifier et de retrouver les titulaires de droits. »

« La commission est tenue informée, dans le délai qu'elle fixe, des suites données à ses observations et recommandations. »

« La commission rend compte annuellement au Parlement, au Gouvernement et à l'assemblée générale des sociétés agréées, selon des modalités qu'elle détermine, des observations et recommandations qu'elle a formulées et des suites qui leur ont été données. »

Les écrivains devraient être rassurés, il existera un rapport annuel ! Et même une commission permanente de contrôle des sociétés de perception et de répartition des droits. Tout cela, n'est-ce pas de l'argent de la culture grignoté ?

« Art. L. 134-4.
I. - L'auteur d'un livre indisponible ou l'éditeur disposant du droit de reproduction sous une forme imprimée de ce livre peut s'opposer à l'exercice du droit d'autorisation mentionné au premier alinéa du I de l'article L. 134-3 par une société de perception et de répartition des droits agréée. Cette opposition est notifiée par écrit à l'organisme mentionné au premier alinéa de l'article L. 134-2 au plus tard six mois après l'inscription du livre concerné dans la base de données mentionnée au même alinéa. »

En toute urgence, dès la création de la base de données, il convient de vérifier qu'aucun de vos livres n'y est inscrit... semble le conseil le plus logique... mais revenons à l'article L. 134-1. « *on entend par livre indisponible au sens du présent chapitre un livre publié en France avant le 1er janvier 2001 qui ne fait plus l'objet d'une diffusion commerciale par un éditeur et qui ne fait pas actuellement l'objet d'une publication sous une forme imprimée ou numérique.* » En toute urgence, si l'un de vos livres a été édité avant l'an 2001 et que vous n'avez pas signé d'avenant pour les droits numériques, éditez-le en ebook. Le plus rapide est la plateforme d'autopublication d'Amazon Kindle mais le chapitre "comment éditer un livre sans éditeur classique" vous apportera d'autres solutions.

Il est nettement préférable de réagir AVANT l'inscription de vos œuvres dans cette base. Une course de vitesse est vraiment engagée... [2014 : la première liste est déjà passée à la moulinette...]

« Mention de cette opposition est faite dans la base de données mentionnée au même article L. 134-2. »

« Après l'expiration du délai mentionné au premier alinéa du présent I, l'auteur d'un livre indisponible peut s'opposer à l'exercice du droit de reproduction ou de représentation de ce livre s'il juge que la reproduction ou la représentation de ce livre est susceptible de nuire à son honneur ou à sa réputation. Ce droit est exercé sans indemnisation. »

Donc, après 6 mois où l'auteur (ou ses ayants droit) ne s'est pas indigné... tout n'est pas perdu... mais ça devient plus difficile. Quelles argumentations fournir pour justifier que « *la reproduction ou la représentation de ce livre est susceptible de nuire à son honneur ou à sa réputation* » ? S'il avait été noté "la reproduction ou la représentation de ce livre par l'éditeur est susceptible de nuire à son honneur ou à sa réputation" il aurait été possible d'argumenter sur le refus d'être associé aux éditions xyz qui ont racheté l'éditeur abc. Je ne vois donc qu'un cas : une œuvre "de jeunesse" ou "compromettante" ou que l'auteur a "renié", qu'il ne souhaite plus voir éditée... mais après une telle démarche l'auteur se retrouverait dans la quasi interdiction d'auto-éditer son œuvre...

Cet alinéa a peut-être une chance d'être utilisable si une qualité déplorable de numérisation entraîne la vente de livres truffés de grossières fautes, où les e dans l'o sont devenu des u, par exemple.

« II. - L'éditeur ayant notifié son opposition dans les conditions prévues au premier alinéa du I du présent article est tenu d'exploiter dans les deux ans suivant cette notification le livre indisponible concerné. Il doit apporter par tout moyen la preuve de l'exploitation effective du livre à la société agréée en application de l'article L. 134-3. A défaut d'exploitation du livre dans le délai imparti, la mention de l'opposition est supprimée dans la base de données mentionnée à l'article L. 134-2 et le droit d'autoriser sa reproduction et sa représentation sous une forme numérique est exercé dans les conditions prévues au second alinéa du I de l'article L. 134-3. »

Pourquoi l'éditeur (papier) du livre refuserait son inscription dans cette base alors qu'elle lui donnera le droit de publier sans négocier avec l'auteur ?... et en plus la numérisation est offerte par l'état ! Si l'éditeur refuse, il est prié d'éditer l'ebook sous deux ans, donc de trouver un accord avec l'auteur.
Si l'auteur apporte la version numérique à l'éditeur et qu'il accepte ses conditions, l'éditeur utilisera cette option !

« La preuve de l'exploitation effective du livre, apportée par l'éditeur dans les conditions prévues au premier alinéa du présent II, ne préjuge pas de l'application des articles L. 132-12 et L. 132-17. »

Au cas où un éditeur aurait prétendu que l'édition en ebook, obtenue sans l'accord de l'auteur, permettait aussi de s'exonérer de l'obligation de rendre disponible le livre papier ! On peut donc imaginer qu'un éditeur obtienne via cette loi l'édition du livre en numérique mais que l'auteur récupère les droits d'édition papier car l'éditeur n'assure pas son obligation d'« exploitation permanente et suivie et une diffusion commerciale. » Situation ubuesque ? Non ! J'imagine le sourire de certains éditeurs « *quel talent ! finement joué ! tempo parfait ! l'état nous numérise les œuvres et ainsi les auteurs ne peuvent plus récupérer leurs droits d'édition papier car nous pouvons répondre à toute demande d'exemplaires en papier grâce à l'impression à la demande.* » Non seulement avec cette loi les éditeurs obtiennent les droits numériques à des conditions très avantageuses mais ils obtiennent la numérisation gratuite des œuvres, qui va leur permettre de bloquer les velléités des écrivains qui souhaiteraient récupérer les droits d'édition papier ! Non ? Un tribunal décidera que l'impression numérique, ce n'est pas rendre disponible une œuvre en papier ? Point juridique à suivre... mais sur lequel un auteur n'ayant pas les moyens ou la volonté de prendre un avocat, ne peut compter... avant les jurisprudences... Mais l'espoir qu'une impression numérique ne soit pas considérée comme une manière de rendre disponible en papier l'œuvre, me semble faible... (voir le point de vue de monsieur Hervé Gaymard et la volonté de monsieur Arnaud Nourry dans la partie consacrée à l'impression numérique)

« Art. 134-5. - A défaut d'opposition notifiée par l'auteur ou l'éditeur à l'expiration du délai prévu au I de l'article L. 134-4, la société de perception et de répartition des droits propose une autorisation de reproduction et de représentation sous une forme numérique d'un livre indisponible à l'éditeur disposant du droit de reproduction de ce livre sous une forme imprimée. »

Clair : 6 mois pour refuser ou l'éditeur du livre papier va obtenir les droits numériques.

« Cette proposition est formulée par écrit. Elle est réputée avoir été refusée si l'éditeur n'a pas notifié sa décision par écrit dans un délai de deux mois à la société de perception et de répartition des droits. »

« L'autorisation d'exploitation mentionnée au premier alinéa est délivrée par la société de perception et de répartition des droits à titre exclusif pour une durée de dix ans tacitement renouvelable, sauf dans le cas mentionné à l'article L. 134-8. »

Clair : l'éditeur du livre papier aura les droits numériques « *à titre exclusif pour une durée de dix ans tacitement renouvelable.* » L'auto-édition deviendrait même illégale ! Des droits à titre exclusif !

Quant à l'article L. 134-8, il n'apporte rien d'utile à l'auteur : l'autorisation gratuite pour les bibliothèques accessibles au public à reproduire et à diffuser sous forme numérique à leurs abonnés les livres indisponibles conservés dans leurs fonds dont aucun titulaire du droit de reproduction sous une forme imprimée n'a pu être trouvé dans un délai de dix ans.

« Mention de l'acceptation de l'éditeur est faite dans la base de données mentionnée à l'article L. 134-2. »

« A défaut d'opposition de l'auteur apportant par tout moyen la preuve que cet éditeur ne dispose pas du droit de reproduction d'un livre sous une forme imprimée, l'éditeur ayant notifié sa décision d'acceptation est tenu d'exploiter, dans les trois ans suivant cette notification, le livre indisponible concerné. Il doit apporter à cette société, par tout moyen, la preuve de l'exploitation effective du livre. »

À noter que les élus, si pressés de voir les œuvres disponibles, accordent trois ans à l'éditeur pour sortir l'ebook, quand ils n'accordent que six mois à l'auteur pour éviter cet engrenage ! Il est permis, avec le délai de trois ans pour l'édition, de soupçonner qu'il existe une volonté d'accorder les droits à l'éditeur... avant le réveil des écrivains... avant les premiers grands succès de livres en numérique, qui ne vont pas manquer de faire réfléchir...

Si vous avez rompu le contrat en utilisant l'article L132-17, il vous faudra en apporter la preuve aussi ! Ce n'est pas à l'éditeur de le signaler. L'urgence de récupérer vos droits d'édition papier est ainsi encore mise en évidence : il semble naturel qu'après avoir obtenu une version numérique, les éditeurs s'en serviront pour réaliser une impression à la demande, ainsi bloquer toute velléité de l'auteur qui cherchera à utiliser l'indisponibilité de son œuvre pour en récupérer les droits papier.

Durant trois ans, l'éditeur peut bloquer les droits numériques. Même durant cette période, l'auteur qui s'auto-éditerait sans l'autorisation de l'éditeur (auquel il n'a pas donné d'autorisation) serait dans l'illégalité ! Et comme « *les sociétés agréées ont qualité pour ester en justice pour la défense des droits dont elles ont la charge* » on peut imaginer l'auteur poursuivi pour avoir librement exploité son œuvre...

« A défaut d'acceptation de la proposition mentionnée au premier alinéa ou d'exploitation de l'œuvre dans le délai prévu au cinquième alinéa du présent article, la reproduction et la représentation du livre sous une forme numérique sont autorisées par la société de perception et de répartition des droits dans les conditions prévues au second alinéa du I de l'article L. 134-3. »

« L'utilisateur auquel une société de perception et de répartition des droits a accordé une autorisation d'exploitation dans les conditions prévues au même second alinéa est considéré comme éditeur de livre numérique au sens de l'article 2 de la loi n° 2011-590 du 26 mai 2011 relative au prix du livre numérique. »

L'article 2 de la loi n°2011-590 stipule que « *toute personne établie en France qui édite un livre numérique dans le but de sa diffusion commerciale en France est tenue de fixer un prix de vente au public pour tout type d'offre à l'unité ou groupée. Ce prix est porté à la connaissance du public. Ce prix peut différer en fonction du contenu de l'offre et de ses modalités d'accès ou d'usage.* »

Il n'est pas certain que ces ebooks soient vendus à bas prix ! Et les auteurs de ce programme n'y ont pas intérêts... puisque seulement des miettes arriveront à la société de gestion...

« L'exploitation de l'œuvre dans les conditions prévues au présent article ne préjuge pas de l'application des articles L. 132-12 et L. 132-17. »

De nouveau le rappel pour les droits du livre en papier.

« Art. L. 134-6. - L'auteur et l'éditeur disposant du droit de reproduction sous une forme imprimée d'un livre indisponible notifient conjointement à tout moment à la société de perception et de répartition des droits mentionnée à l'article L. 134-3 leur décision de lui retirer le droit d'autoriser la reproduction et la représentation dudit livre sous forme numérique. »

Maintenant que l'éditeur a récupéré les droits, maintenant qu'il est en position de force vis-à-vis de l'auteur, la loi lui permet de s'exempter de la société de perception et de répartition des droits. Il lui suffira d'expliquer à l'auteur qu'il a tout intérêt à être payé directement par son éditeur plutôt que de subir les frais de gestion de la société... ce qui sera exact mais ce qui apporte une nouvelle suspicion sur le but réel de cette loi, ce qui apporte des éléments au moulin des analystes qui osent prétendre que ce texte fut écrit par les éditeurs, pour les éditeurs.

« L'auteur d'un livre indisponible peut décider à tout moment de retirer à la société de perception et de répartition des droits mentionnée au même article L. 134-3 le droit d'autoriser la reproduction et la représentation du livre sous une forme numérique s'il apporte la preuve qu'il est le seul titulaire des droits définis audit article L. 134-3. Il lui notifie cette décision. »

« Mention des notifications prévues aux deux premiers alinéas du présent article est faite dans la base de données mentionnée à l'article L. 134-2. »

« L'éditeur ayant notifié sa décision dans les conditions prévues au premier alinéa est tenu d'exploiter le livre concerné dans les dix-huit mois suivant cette notification. Il doit apporter à la société de perception et de répartition des droits, par tout moyen, la preuve de l'exploitation effective du livre. »

« La société informe tous les utilisateurs auxquels elle a accordé une autorisation d'exploitation du livre concerné des décisions mentionnées aux deux premiers alinéas du présent article. Les ayants droit ne peuvent s'opposer à la poursuite de l'exploitation dudit livre engagée avant la notification pendant la durée restant à courir de l'autorisation mentionnée au second alinéa du I de l'article L. 134-3 ou au troisième alinéa de l'article L. 134-5, à concurrence de cinq ans maximum et à titre non exclusif. »

Arrêtez de nous alarmer ! Tout va bien puisque « *l'auteur d'un livre indisponible peut décider à tout moment de retirer à la société de perception et de répartition [...] le droit d'autoriser la reproduction et la représentation du livre sous une forme numérique.* » Certes ! Mais seulement si l'auteur « *apporte la preuve qu'il est le seul titulaire des droits définis audit article L. 134-3.* »
Nous ne sommes plus durant les six premiers mois de l'inscription dans la liste des livres indisponibles où l'article L. 134-4 accorde à l'auteur la possibilité de « *s'opposer à l'exercice du droit d'autorisation mentionné au premier alinéa du I de l'article L. 134-3 par une société de perception et de répartition des droits agréée. Cette opposition est notifiée par écrit à l'organisme mentionné au premier alinéa de l'article L. 134-2 au plus tard six mois après l'inscription du livre concerné dans la base de données mentionnée.* »
Dans les six mois, il suffit à l'auteur d'écrire. Ensuite, il doit apporter la preuve. Présenter un contrat où seule figure l'édition papier ne constitue pas une preuve qu'aucun avenant ne fut signé ! L'éditeur n'a pas à présenter un contrat lui accordant les droits numériques, c'est à l'auteur de prouver qu'il n'a pas signé de contrat, avec cet éditeur mais aussi avec tout autre éditeur ! Aporie : difficulté d'ordre rationnel paraissant sans issue.
Comme le remarque Maître Guillaume Sauvage, avocat spécialisé dans les questions du droit d'auteur, « *c'est étrange : cela devrait concerner 99,9% des auteurs qui ont signé des contrats au XXe siècle, à une époque où un aucun contrat ne parle de droits numériques et, à la fois, il me semble que c'est une preuve qu'il ne sera pas facile à rapporter.* » (Interview de Grégoire Leménager pour

bibliobs.nouvelobs.com le 27 février 2012) Etrange, oui... mais peut-être pas surprenant si l'on pense que cette loi fut écrite par les éditeurs, pour les éditeurs...

Si l'auteur parvenait à prouver qu'il n'a accordé à personne ces droits numériques (une attestation de l'ensemble des éditeurs reconnaissant ne pas posséder les droits numériques sera difficile à obtenir), l'éditeur pourrait néanmoins encore exploiter l'œuvre durant cinq ans (moins uniquement si l'échéance de l'autorisation est inférieure).

« Art. 134-7. - Les modalités d'application du présent chapitre, notamment les modalités d'accès à la base de données prévue à l'article L. 134-2, la nature ainsi que le format des données collectées et les mesures de publicité les plus appropriées pour garantir la meilleure information possible des ayants droit, les conditions de délivrance et de retrait de l'agrément des sociétés de perception et de répartition des droits prévu à l'article L. 134-3, sont précisées par décret en Conseil d'Etat. »

« Art. L. 134-8. - Sauf refus motivé, la société de perception et de répartition des droits mentionnée à l'article L. 134-3 autorise gratuitement les bibliothèques accessibles au public à reproduire et à diffuser sous forme numérique à leurs abonnés les livres indisponibles conservés dans leurs fonds dont aucun titulaire du droit de reproduction sous une forme imprimée n'a pu être trouvé dans un délai de dix ans à compter de la première autorisation d'exploitation. »

« L'autorisation mentionnée au premier alinéa est délivrée sous réserve que l'institution bénéficiaire ne recherche aucun avantage économique ou commercial. »

« Un titulaire du droit de reproduction du livre sous une forme imprimée obtient à tout moment de la société de perception et de répartition des droits le retrait immédiat de l'autorisation gratuite. »

Dans dix ans et six mois, les bibliothèques pourront se servir de ces ebooks. Ce n'est pas le pire des articles !

« Art. L. 134-9. - Par dérogation aux dispositions des trois premiers alinéas de l'article L. 321-9, les sociétés agréées mentionnées à l'article L. 134-3 utilisent à des actions d'aide à la création, à des actions de formation des auteurs de l'écrit et à des actions de promotion de la lecture publique mises en œuvre par les bibliothèques les sommes perçues au titre de l'exploitation des livres indisponibles et qui n'ont pu être réparties parce que leurs destinataires n'ont pu être identifiés ou retrouvés avant l'expiration du délai prévu au dernier alinéa de l'article L. 321-1. »

« Le montant et l'utilisation de ces sommes font l'objet, chaque année, d'un rapport des sociétés de perception et de répartition des droits au ministre chargé de la culture. »

Ils ont gagné, les auteurs alliés aux éditeurs, ils ont leur cagnotte pour « *des actions d'aide à la création, à des actions de formation des auteurs de l'écrit et à des actions de promotion de la lecture publique.* » Certains prétendent (naturellement des jaloux !) qu'en dehors des actions pour montrer que l'on agit, ces sommes, dans ce genre de sociétés, sont partagées entre amis... de manière légale, naturellement...

En mai 2009, Régis Jauffret, écrivain, lors d'un débat sur le livre numérique organisé par le « *conseil permanent des écrivains* », s'en prenait à la gratuité des versions numériques des œuvres du domaine public : « *il ne faut pas que ces livres deviennent gratuits. On pourrait imaginer une prolongation du paiement du droit d'auteur et que ces revenus reviennent à une sorte de caisse centrale des écrivains.* » Ah ! De l'argent à se partager entre notables ! Quelle belle idée que « *des actions de formation des auteurs de l'écrit et à des actions de promotion de la lecture publique* » ! Les ateliers d'écriture vont prospérer !

« **Article 2** »

« Le chapitre III du titre Ier du livre Ier de la première partie du même code est complété par un article L. 113-10 ainsi rédigé : »

« Art. L. 113-10. - L'œuvre orpheline est une œuvre protégée et divulguée, dont le titulaire des droits ne peut pas être identifié ou retrouvé, malgré des recherches diligentes, avérées et sérieuses. »

« Lorsqu'une œuvre a plus d'un titulaire de droits et que l'un de ces titulaires a été identifié et retrouvé, elle n'est pas considérée comme orpheline. »

Laissez les œuvres orphelines tranquilles ! Ne les trahissez pas en permettant à des éditeurs et marchands de se faire du fric sur le dos des orphelines.

« **Article 3** »

« Les organismes représentatifs des auteurs, des éditeurs, des libraires et des imprimeurs engagent une concertation sur les questions économiques et juridiques relatives à l'impression des livres à la demande. »

Nous y sommes, rien n'est dit... mais Lagardère est prêt à proposer sa solution. Voir le chapitre « L'impression des livres à la demande, le groupe Lagardère est prêt. » Et naturellement, il veut bien faire profiter ses confrères de son avance technologique... (n'oublions jamais que le distributeur gagne plus que l'éditeur dans le bon système de l'édition papier française)

Il n'existe pas d'organismes représentatifs des auteurs. Il n'existe que des minorités organisées, qui défendent les intérêts de cette minorité. Comme dans la chanson, la littérature devient affaire de structures. Dans le monde de la chanson, l'un des premiers bons conseils qui me fut prodigué, fut de m'impliquer dans des organismes, ce qui permet de se faire des relations et d'être informé des bons plans. J'ai une autre idée de la création. Mais musique comme littérature, il se trouvera toujours des opportunistes pour collaborer avec les exploiteurs des créateurs.

« Article 4 »

« L'article 1er entre en vigueur à compter de la publication du décret pris pour l'application du chapitre IV du titre III du livre Ier de la première partie du code de la propriété intellectuelle et au plus tard six mois après la promulgation de la présente loi. »

L'impression des livres à la demande... le groupe Lagardère est prêt

En lisant l'article 3 « *Les organismes représentatifs des auteurs, des éditeurs, des libraires et des imprimeurs engagent une concertation sur les questions économiques et juridiques relatives à l'impression des livres à la demande* » j'ai pensé au groupe Lagardère...

Le 15 septembre 2009, *Hachette Livre* et *Lightning Source* ont officialisé la création d'une co-entreprise d'impression à la demande en France : *Lightning Source France*, implantée dans le périmètre du Centre de Distribution du Livre de Hachette Livre à Maurepas, dans les Yvelines.
Lightning Source, basé à La Vergne, dans le Tennessee aux Etats-Unis, est le leader mondial de l'impression à la demande.

Le 21 mars 2011, La BnF et Hachette Livre ont signé un accord permettant l'impression à la demande d'ouvrages présents sur Gallica (la bibliothèque numérique de la BnF).
Ainsi Hachette Livre a obtenu le droit d'utiliser 15.000 ouvrages libres de droits, qu'il pourra imprimer et commercialiser.
Le communiqué précisait « *les exemplaires ainsi fabriqués seront livrés aux libraires dans les mêmes délais qu'un exemplaire prélevé sur stock* » mais aussi « *l'objectif est de vendre ces livres à des prix très raisonnables, soit entre 12€ et 15 € pour un volume de taille moyenne.* »
30% environ chez le libraire, 5,5 à 7% de TVA, et le reste chez Hachette Livre et partenaire, où naturellement des frais existent.

Le communiqué de septembre 2009 précisait que plus de

13 000 titres du groupe Hachette Livre étaient déjà prêts pour ce programme d'impression à la demande. Est-ce que des auteurs Hachette Livre, dont le livre est objectivement épuisé depuis des années (sans droits d'auteur versé) ont depuis essayé de récupérer leurs droits ?

Arnaud Nourry commentait en 2009 : « *Cette co-entreprise avec Lightning Source en France est stratégique dans la mesure où elle permettra à Hachette Livre de proposer à tous ses partenaires, quelle que soit leur taille, une technologie de pointe répondant à une de leurs préoccupations les plus constantes. Aucun livre intégrant ce programme ne sera plus jamais épuisé. L'expédition du livre suit de si près la réception de la commande que les délais de livraison sont les mêmes que si l'ouvrage était sorti du stock.* »

Arnaud Nourry le proclame : « ***Aucun livre intégrant ce programme ne sera plus jamais épuisé.*** » Un moyen de réunir ses collègues éditeurs autour du phare Hachette ! Néanmoins, si l'auteur a reçu un certificat de mise au pilon, l'alinéa 1 de l'article L132-17 n'a pas encore était abrogé « *le contrat d'édition prend fin, indépendamment des cas prévus par le droit commun ou par les articles précédents, lorsque l'éditeur procède à la destruction totale des exemplaires.* » La remise en disponibilité par l'impression numérique ne figure pas (encore ?) dans le CPI.

Hervé Gaymard, dans son rapport aux parlementaires du 18 janvier 2012, aborde le sujet... et semble même mettre en garde contre les risques pour l'auteur qui souhaite récupérer ses droits d'édition papier :

> « *Enfin, à l'initiative du rapporteur, la Commission a souhaité soulever la question de l'impression à la*

97

demande, en demandant aux organismes représentatifs des auteurs, des éditeurs, des libraires et des imprimeurs d'engager une concertation sur les questions économiques et juridiques relatives à l'impression des livres à la demande.

L'impression à la demande est une technologie numérique qui permet l'impression, à qualité comparable, d'un exemplaire unique d'un livre numérisé, dans les heures qui suivent la réception de la commande du client. Offrant une qualité comparable à celle d'un livre « classique », ce livre coûte en moyenne 25 à 30 % de plus.

L'impression à la demande intéresse à la fois les écrivains qui n'ont pas trouvé d'éditeurs, et plus généralement tous les lecteurs qui disposent d'un livre sous forme numérique mais souhaitent en obtenir une copie imprimée. Elle répond pour ces derniers à un souci de confort ou à des habitudes de lecture. Elle permet aux éditeurs de continuer à exploiter des livres épuisés sous forme imprimée et pourrait constituer une nouvelle opportunité de développement pour les librairies, qui pourraient proposer ce nouveau service.

Cette pratique est appelée à se développer, comme en témoigne l'accord conclu en mars dernier par la BnF et Hachette Livre, qui va permettre l'impression à la demande d'ouvrages présents sur Gallica. Cet accord concerne une première sélection de près de 15 000 ouvrages libres de droits, qui seront imprimés et commercialisés par Hachette Livre. Les exemplaires ainsi fabriqués seront livrés aux libraires dans les mêmes délais qu'un exemplaire prélevé sur stock. L'objectif est de vendre ces livres à des prix compris entre 12 et 15 euros pour un volume de taille moyenne.

Or, l'impression à la demande soulève de nombreuses questions, en particulier celles relatives à la nature des droits en jeu. Certains prétendent que l'impression à la demande constitue un simple accessoire du droit de reproduction sous forme imprimée. Pour autant, une telle analyse devrait en toute rigueur conduire à considérer qu'une œuvre faisant l'objet d'une impression à la demande ne peut être considérée comme une œuvre épuisée, ce qui semble difficile à concevoir. En outre, l'impression à la demande d'œuvres orphelines non libres de droit, sans versement d'aucune rémunération ni de la part de l'imprimeur ni de celle du lecteur parait problématique. Enfin, l'intégrité de l'œuvre et, partant, le droit moral de l'auteur peuvent être mis à mal par d'éventuelles modifications apportées à l'œuvre originale. »

D'un côté le député qui sent bien toute l'injustice de trouver une astuce pour conserver des droits alors que durant des années, des décennies, l'éditeur a négligé l'œuvre. De l'autre Arnaud Nourry et son « *aucun livre intégrant ce programme ne sera plus jamais épuisé.* »

Hé oui, les éditeurs vont défendre qu'une œuvre bénéficiant d'une impression à la demande ne peut plus être considérée épuisée... donc l'auteur ne peut récupérer ses droits, même si l'œuvre fut épuisée durant des décennies. M. Gaymard a bien mis le doigt sur l'objectif "caché" de cette numérisation aux frais de l'état... Mais la loi est passée... Ce "détail" ne méritait pas que M. Gaymard se fâcha avec le lobby des éditeurs ?

Peut-être est-ce après une analyse similaire à la mienne, que la société Amazon décida de lancer CreateSpace en France, en mai 2012 (dans sa newsletter) : « *vous pouvez désormais distribuer des livres imprimés directement sur les sites Amazon européens : Amazon.co.uk, Amazon.de, Amazon.fr, Amazon.es et Amazon.it.* » Même si le site reste en anglais... J'utilise, depuis octobre 2013, les services, toujours en anglais, de CreateSpace, après avoir obtenu un identifiant fiscal US. Ainsi, en 2014, ce livre devient disponible en papier...

Est-il réellement difficile de retrouver les titulaires des droits ?

Je reviens à la déclaration d'Hervé Gaymard, dans son rapport aux parlementaires du 18 janvier 2012 : « *Étant donné que le fonds d'œuvres indisponibles du XXe siècle est estimé à environ 500 000 ouvrages encore sous droits, rechercher les ayants droit de chacune de ces œuvres se révèle matériellement impossible. Cette entreprise, coûteuse en temps et en moyens, est bien entendu inenvisageable pour les éditeurs, pour qui rééditer la plupart de ces œuvres ne présente aucune rentabilité économique.* »

Il s'agit bien des livres qui ne sont pas tombés dans le domaine public. Combien de ces auteurs ayant publié avant 2001 sont encore vivants ? Sûrement plus de la moitié. Il est cohérent d'affirmer que la majorité des auteurs disparus ont laissé des héritiers directs qui seraient fiers que l'œuvre de leur père ou mère soit de nouveau disponible... Ils conservent même sûrement quelques bouquins en papier...

Prétendre qu'il est difficile de retrouver les ayants droit de ces œuvres est un raisonnement trop rapide... Il est, pour les éditeurs, difficile de recontacter les auteurs de livres qu'ils ont préféré envoyer au pilon ou ne pas réimprimer, pour leur proposer un avenant... Certes, nombre de ces auteurs ont déménagé...

Si l'ambition avait été de redonner vie à ces œuvres, au profit des ayants droit, une procédure rapide et nettement moins coûteuse aurait été mise en place. Il est peut-être encore temps... si la nouvelle majorité décidait d'abroger cette loi...

Procédure :
- Répertorier les œuvres via le dépôt légal.
- Présenter la liste sur le site de la Bnf, en spécifiant clairement que les ayants droit en possèdent les droits de reproduction numérique, sauf s'ils ont signé un contrat les attribuant à un éditeur.
- Procédure simplifiée de déclaration d'édition numérique : saisie du numéro d'ISBN de l'œuvre numérique ou du numéro ASIN pour autopublication sur Amazon. Ces éléments permettraient de rapidement contrôler qu'il ne s'agit pas d'une information farfelue...
- Procédure rapide de déclaration en cas de refus que cette œuvre soit divulguée en numérique (simple lettre à imprimer, à compléter avec les éléments qui prouvent l'identité du déclarant)

Un an après la mise en ligne de cette liste, la publication des statistiques serait intéressante. Seuls les éditeurs qui souhaitent capter les droits et se faire du fric facilement, osent prétendre qu'il y a urgence à mettre sur le marché ces œuvres... (néanmoins, après l'obtention des droits, ils se sont donnés 3 ans pour sortir l'ebook...)
L'état pourrait aussi décider de soutenir les écrivains de ces œuvres... voir mes propositions à madame la ministre...

Est-ce qu'un jour des auteurs toucheront de l'argent de la société de perception et de répartition des droits ? Si oui, avant 2050 ?

Une bonne affaire pour les écrivains ? Il est permis d'en douter.

Un poste des charges de la société de perception pourrait engloutir des années de perception des droits : la recherche des ayants droit. Les sociétés de perception sont aussi connues pour bien payer leurs responsables. Naturellement, je pense à la sacem. En 2010, même les députés furent choqués par la rémunération de Bernard Miyet, président du directoire, ses 600.000 euros par an... environ. Mais, ce n'est peut-être pas tout...

> Mme Dominique Gillot, au Sénat, pour le groupe socialiste-EELV, lors de la séance du 9 décembre 2011, remarqua et questionna : « *En allouant une partie du grand emprunt au fonds national pour la société numérique, le Gouvernement fait le pari de la viabilité économique de l'exploitation des livres numérisés, selon le modèle de la longue traîne. Un retour sur investissement étant indispensable, le décret devra également prévoir les conditions dans lesquelles chaque bénéficiaire des investissements contribuera au remboursement de l'emprunt.*
> *Au total, quel sera le prix du livre numérisé ? À quel niveau sera-t-il taxé pour rémunérer l'éditeur, l'auteur, la société de gestion collective, la société numérisant les livres et le remboursement du grand emprunt ?* »
> http://www.senat.fr/seances/s201112/s20111209/s2011 1209009.html

Aucun article ne précise la nécessité de rembourser l'argent de la numérisation. Pourtant, Aurélie Champagne,

pour rue89 dans un article généraliste sur la loi «
Numérisation des livres qu'on n'édite plus : qui y
gagne ? », note « *La numérisation sera financée par le
Grand Emprunt, et remboursée à l'Etat via une société de
gestion : la Société de perception et de répartition des
droits (SRPD).* » Ajoutant simplement une citation pour
étayer son assertion : « *C'est pourquoi le choix de la
réexploitation commerciale des œuvres numériques a été
fait », justifie le président de la BNF.*
http://www.rue89.com/rue89-
culture/2012/03/03/numerisation-des-livres-quon-nedite-
plus-qui-y-gagne-229855

De nombreux documents spécifient que l'argent du grand
emprunt est un investissement... Dans le cas présent, son
remboursement via les droits d'auteur semble le plus
probable...

La qualité de la numérisation ?

100 euros le livre et pourtant la loi n'exige aucune validation par l'auteur (il est certes sûrement introuvable !), aucun "bon à tirer" comme pour l'édition papier. Qui sera responsable d'une numérisation ratée ? Ni responsable ni coupable ? L'éditeur n'est pas même tenu de vérifier, relire, ce qu'il va publier !
Quel recours pour l'auteur découvrant un charabia en guise d'œuvre ?

Relisant cette loi, le communiqué et la documentation de l'accord Hachette Livre - Google, j'y remarque quelques ressemblances !

Paris, le 28 juillet 2011 – Google et Hachette Livre annoncent aujourd'hui au terme de discussions constructives, la signature de l'accord définitif prévu par le protocole d'accord qu'ils avaient signé le 17 novembre dernier sur les conditions de la numérisation par Google de certaines œuvres en langue française dont les droits sont contrôlés par Hachette Livre.

Cet accord porte sur des milliers d'œuvres régies par le droit d'auteur français et qui ne sont plus commercialement disponibles. Ce qui est le cas de la grande majorité des œuvres publiées à ce jour.

Cet accord de partenariat a pour objectif de donner une seconde vie à des milliers d'œuvres épuisées, tant au bénéfice des auteurs que des universitaires, des chercheurs et du grand public en général. Comme présenté il y a quelques mois, l'accord s'articule autour des principes suivants au bénéfice d'Hachette Livre :
- Contrôle de la numérisation des œuvres : Hachette Livre déterminera quelles œuvres Google peut numériser, quelles œuvres seront disponibles sous forme d'ebook via Google ebooks (ou utilisés pour d'autres applications commerciales telles que l'impression à la demande) et quelles œuvres de l'éditeur seront retirées des services Google.
- Nouvelles opportunités commerciales : cet accord ouvre la possibilité de donner accès à des œuvres jusque là épuisées, tout en assurant de nouveaux revenus à leurs auteurs et à leurs éditeurs. Hachette Livre aura la faculté

d'utiliser les fichiers des œuvres numérisées par Google, notamment pour les exploiter en impression à la demande (POD).

- Visibilité accrue de ses auteurs et de leurs œuvres dans les bibliothèques numériques : Hachette Livre a l'intention de faire bénéficier les institutions publiques, telles que la Bibliothèque Nationale de France, des œuvres qui auront été numérisées dans le cadre de cet accord, remettant ainsi des œuvres épuisées au sein du patrimoine culturel et à disposition des lecteurs.

Ce partenariat est le résultat d'un dialogue constructif entre Hachette Livre et Google. Google espère parvenir à des accords similaires avec d'autres éditeurs pour permettre de donner une nouvelle vie numérique à ces œuvres aujourd'hui indisponibles.

Mais la loi du 1er mars 2012 est magistrale pour les éditeurs : c'est avec l'argent public que se réalisera la numérisation !... et le droit d'auteur servira « sûrement » à rembourser l'état. Tandis que la filière éditeur distributeur site de vente aura réalisé son bénéfice. La question du site de vente est importante, sachant que la BnF effectuera une présentation des œuvres avec renvoi vers un site où les acheter... Et s'il s'agissait d'un site contrôlé par les éditeurs... dossier à suivre... depuis l'échec du portail 1001libraires.com

Si vous avez édité un livre avant l'an 2001, la réponse la plus rapide pour rendre caduque cette loi

Cette loi pourrait, finalement, n'être qu'une coquille vide si les écrivains (ou ayants droit) se mobilisaient rapidement, réagissaient. Mobilisation générale !

L'article L. 134-1. définit les œuvres concernées : « *on entend par livre indisponible au sens du présent chapitre un livre publié en France avant le 1er janvier 2001 qui ne fait plus l'objet d'une diffusion commerciale par un éditeur et qui ne fait pas actuellement l'objet d'une publication sous une forme imprimée ou numérique.* »

Plutôt qu'essayer de vous extraire du labyrinthe de cette loi, sortez immédiatement des critères du "livre indisponible." : si l'un de vos livres a été édité avant l'an 2001 et que vous n'avez pas signé d'avenant pour les droits numériques, éditez-le en numérique.

Le plus rapide est la plateforme d'autopublication d'Amazon Kindle mais le chapitre "comment éditer un livre sans éditeur classique" vous apportera d'autres solutions.

Deux avantages majeurs à réagir immédiatement : plus facile (aucune formalité ne sera exigée de vous ensuite... mais il faudra quand même vérifier que votre titre ne se retrouve pas par erreur dans LA LISTE) et l'œuvre ne sera pas numérisée aux frais de l'état... L'éditeur n'en obtiendra pas une copie qu'il pourra utiliser pour bloquer votre démarche en restitution des droits PAPIER.

Est-ce que les éditeurs numériseront votre œuvre si vous tentez d'en récupérer les droits papier ? C'est naturellement toujours possible, techniquement réalisable... mais s'ils sont submergés dans les quelques mois de telles demandes, il leur sera difficile d'y répondre ainsi...

L'absence du pilon dans ce dossier...

Dans les économies liées au passage à l'édition numérique, *bizarrement*, les éditeurs préfèrent ne pas aborder le dossier pilon. Certes, parler des invendus, ça ne se fait pas ! Lapalissade : un ebook qui ne se vend pas, ne devient pas du papier à recycler !
Le pilon est même rarement dans l'actualité. Chaque année une centaine de millions de livres sont pilonnés, détruits.
Pilonner : terme traditionnel pour signifier la destruction d'un livre invendu.
En moyenne, 500 millions de livres sont imprimés chaque année en France dont 400 millions sont vendus et 100 millions détruits.
Un scandale ? « *Le pilon, ce n'est ni négatif ni scandaleux. C'est au contraire un régulateur nécessaire du secteur* » dixit le SNE.

"*On achève bien les livres*", un essai cinématographique, 22', de Bruno Deniel-Laurent était toujours en post-production en mai 2012 http://www.brunodeniellaurent.com/films.htm. Il est finalement sorti, un peu plus court, sans avoir vraiment suscité d'intérêts... un peu plus que mes livres quand même !
Mercredi 2 novembre 2011, à l'occasion de "*24 heures autour du livre*", sur France Culture, il était noté en cours de montage.
Bruno Deniel-Laurent a filmé le pilon de Vigneux-sur-Seine. « *Le pilon est un lieu secret où peu de monde pénètre, Chaque année des milliers d'écrivains voient leur livre pilonné, mais une extrême minorité a la curiosité d'assister à la mise au pilon concrète de leur œuvre.* »
À cette occasion, la page

http://www.franceculture.fr/2011-11-01-la-condamnation-au-pilon livre une belle interview confidence de Laurent Laffont, directeur éditorial de la maison JC Lattès (groupe Lagardère) : « *Pourquoi on le fait, d'abord ? Parce que le livre est entre guillemets MORT, il n'a plus de sortie, plus personne ne le demande, pour la plupart. On ne peut pas le donner, parce que c'est ça le problème du don aujourd'hui : si vous donnez tout cela à des librairies, les gens auront pris l'habitude du don, c'est peut-être un peu terrible à dire, mais on casserait peut-être trop le marché en faisant ça. Et donc on décide de ne pas avoir des stocks immobiles dans des endroits, tout ça, et donc c'est à ce moment-là que l'on décide de pilonner un stock trop abondant. Ce que les éditeurs font de plus en plus souvent maintenant c'est ce que l'on appelle le pilon partiel, parce que soudain on a mal calculé, le livre s'est moins bien vendu que ce que l'on espérait, donc il peut nous rester trois quatre mille exemplaires d'un livre dont on vend 50 à 100 exemplaires par an, donc on en pilonne une partie. Mais le livre continue à vivre. Sinon y'a le pilon total mais à partir du moment où un éditeur pilonne totalement un livre, les droits d'auteurs sont reversés, du moins rapatriés, à l'auteur lui-même qui peut s'il le souhaite trouver un autre éditeur ou d'autres moyens.* » Les autres moyens, je suppose qu'il pense à l'auto-édition !

Le titre d'un article de *Libération* du 18 janvier 2005 présentait certaines similitudes : « *On achève bien les bouquins* », où Edouard Launet racontait sa visite à Villeneuve-le-Roi, à un énorme broyeur de livres qui dévore 80 % du rebut de la production nationale. « *110 millions de livres finissent chaque année déchiquetés au pilon. Un cinquième de la production française... *»
Illustré de photos de piles de livres dévorés : « *grands rouleaux hérissés de marteaux pointus qui tournent*

inlassablement, explosant du papier dix heures par jour. »
« Quand la machine bleue a fait son office, la presse prend le relais. Elle compacte les fragments de pages et expulse des balles d'environ deux mètres cubes ceinturées de fil de fer. Ça se revend entre quinze et trois cent cinquante euros la tonne. »
Chiffres 2003 sûrement officiels : 533 millions de livres sortis des presses des éditeurs de l'hexagone, 423 millions vendus, 110 millions au pilon.

Dans l'*Humanité* du 22 janvier 2005, Régine Deforges rebondissait sur « *le cimetière des livres.* »
Naturellement, ses premières lignes dressent un état des lieux connu mais qu'il est bon de reprendre par un auteur installé autorisé :
« *Nous autres, écrivains, savons bien que la vie d'un livre est courte et que s'il ne trouve pas son public dans le mois qui suit sa sortie, il est condamné au pilon, c'est-à-dire à la destruction, pour laisser la place à d'autres. Quand on sait qu'un livre, pour ne parler que des romans, demande à son auteur entre deux et trois ans de travail quotidien, un mois pour le faire connaître, c'est peu. Quand on sait que, chaque année, l'édition française publie plus de cinq cents millions d'ouvrages dont plus de cent millions seront détruits, cela plonge l'écrivain dans un profond malaise.* »
Admirons le fatalisme du *nous autres, écrivains, savons bien...* Comme si cette dérive relevait d'une convention collective du gribouilleur.
Elle apporte aussitôt une vision très humaniste (nous sommes dans l'*Humanité* !), celle de millions de lecteurs potentiels, qui seraient ravis de recevoir ces livres, pour naturellement la balayer au nom des réalités :
« *À cela, les éditeurs rétorquent qu'envoyer des livres dans les pays pauvres coûterait plus cher encore que de les stocker ; d'où la nécessité de les détruire.* » Logique !

Tout est vraiment pour le mieux dans le meilleur du Tout-Paris (et en plus, Régine Deforges fut sûrement payée pour une telle analyse).

Puis elle s'intéresse à son microcosme :

« *Dans le milieu éditorial, on ne voit pas la solution. "Publiez moins", disent les critiques envahis, chaque jour, par les services de presse des nouveautés.* »

Elle cite, c'est très instructif, une déclaration du Syndicat National de l'Edition : « *Le pilon, ce n'est ni négatif ni scandaleux. C'est au contraire un régulateur nécessaire du secteur.* » Ah ! Si un syndicat a dit, l'*Humanité* approuve !

Vous croyez peut-être que le pilon concerne uniquement la production industrielle rédigée par des nègres pour des stars ?

En 1997, Julien Green envoie deux lettres recommandées chez Fayard, dénonce ses contrats et récuse son « agent général. » L'écrivain reproche à son éditeur un trop grand nombre d'exemplaires envoyés au pilon (et des tirages inférieurs au minimum fixé, 5 000).

Son fils adoptif poursuivra la procédure après sa mort en août 1998. Le 26 mai 1999, premier jugement : Fayard perd ses droits sur l'œuvre de Green (et condamnation à 100 000 francs de dommages et intérêts). L'éditeur interjette appel... et obtient gain de cause ! Le 20 décembre 2000, Jean-Éric Green est débouté de toutes ses demandes ! Son pourvoi en cassation ne donnera rien : notre juridiction suprême tranche définitivement, en 2001, en faveur de Fayard.

Les syndicats, la justice, les écrivains fatalistes, c'est l'unanimité !

Jérôme Garcin, dans le *Nouvel Observateur* du 21 septembre 2006, débute son édito par : « *C'est le grand tabou de l'édition française. Tout le monde sait qu'il existe mais personne n'ose en parler. Il faut imaginer une sorte de monstre du loch ness aux mâchoires gigantesques et à l'appétit inextinguible. Cet ogre masqué engloutit 100 millions de livres par an.* »

Son constat n'est qu'une simple chronique d'un roman intitulé « *le pilon* » de Paul Desalmand… « *il faut savoir que, sur les quelque 700 romans qui viennent de paraître, la majorité est promise à l'enfer du pilon.* »

Mais aucune proposition de réforme.

Comme le législateur cherche dans la musique la solution à un problème qui n'existe pas, pour créer une société de gestion collective, j'invite les parlementaires à guérir le monde du livre de sa maladie du pilon... en s'inspirant de la chanson !

Une société de pressage (reproduction CD, DVD, cassettes, vinyle...) est autorisée à lancer la fabrication uniquement si elle a reçu l'autorisation SDRM (Société pour l'administration du droit de reproduction mécanique), envoyée uniquement après paiement des droits d'auteur. Environ 8% du prix de vente. La SDRM collecte ces sommes destinées aux ayants droit, reversées par la sacem. S'inspirer et non copier ! Inutile de créer une société... SACEM-SDRM ingurgitent environ 20% des droits : il suffit d'un formulaire où l'auteur atteste avoir perçu ses droits pour X exemplaires. **Avec un tel procédé, les éditeurs hésiteraient à fabriquer des livres uniquement pour remplir tables et rayons.**

Oui, le producteur de musique verse les droits d'auteur avant de fabriquer le support, donc avant de vendre (les ventes par souscription sont marginales). Les éditeurs s'indigneront, hurleront qu'on veut tuer une activité « déjà sinistrée », qu'elle a besoin d'aides, de subventions, et non de cette « mauvaise chanson »...

Le pilon peut représenter une opportunité pour les écrivains qui l'ont subi, comme le rappelle Laurent Laffont. L'alinéa 1 de l'article L.132-17 précisant « *le contrat d'édition prend fin, indépendamment des cas prévus par le droit commun ou par les articles précédents, lorsque l'éditeur procède à la destruction totale des exemplaires.* »

Comment éditer un livre numérique sans éditeur classique ?

Il existe la possibilité d'autopublication Amazon mais aussi, et surtout, une approche professionnelle d'auteur-éditeur, avec distribution sur la quasi totalité des plateformes numériques. Itunes, Kobo, La Fnac, vendent aussi de l'ebook !...

Je vous conseille la lecture d'un livre vendu à tarif très décent ! *Le guide de l'auto-édition numérique en France (Publier et vendre des ebooks en autopublication)* de... Stéphane Ternoise. Ne croyez pas que ce soit juridiquement compliqué : je suis auteur-éditeur depuis 1991. Fin novembre 2013, fut publié : *Le guide de l'auto-édition, papier et numérique.* La vision globale, après le "balbutiement numérique", est désormais possible.

Les chiffres des Etats-Unis peuvent donner une idée de ce qui va se passer en France...

En avril 2011, Amazon a commencé à vendre plus d'ebooks que de livres papier aux Etats-Unis.

Il est bon de rappeler une prédiction de monsieur Arnaud Nourry (Hachette Livre) qui pronostiquait, en octobre 2008, qu'en 2013 le numérique représenterait 5 % de l'activité de son groupe aux Etats-Unis.

> « *Aujourd'hui, 0,5 % de notre chiffre d'affaires américain provient de ce secteur émergent. Nous pensons que dans 5 ans, le numérique représentera 5 % de notre activité.* »

Interview dans *Le Point*, du 24 octobre 2008.

Le communiqué de presse du 3 mai 2011, sur les performances du Premier trimestre 2011 : « *Le dynamisme des ventes de livres numériques est notable : + 88 % par rapport au 1er trimestre 2010, représentant de l'ordre de 22 % du chiffre d'affaires aux États-Unis et 5 % au Royaume-Uni. Ce phénomène est la conséquence du niveau très élevé des ventes de liseuses numériques en fin d'année.* »

Etat des lieux en mars 2012 :

« *Les ventes de livres numériques sont encore balbutiantes sur le marché français où ils ne réalisent qu'environ 1 % du chiffre d'affaires du secteur. (...) Mais, si l'on en juge par les expériences passées du marché des biens culturels, la France devrait logiquement suivre les traces des pays précurseurs comme les États-Unis. Le marché américain du livre numérique est de loin le premier au monde et il enregistre une très forte progression depuis trois ans : la part du numérique y est passée de 1,2 % en 2008 à 18 % fin 2011.* »

Les acteurs de la chaîne du livre à l'ère du numérique - Les auteurs et les éditeurs, Notes d'analyse 270.

Une étude de la société Taleist, en février 2012, auprès de 1007 auteurs autoédités (72% des États-Unis, 9% britanniques...) note, en revenus moyens, 10.000 $ pour 2011.

Faut-il se scandaliser des disparités dans le détail des chiffres ? Non, il semble logique que la barre des 500 dollars ne soit franchie que par la moitié des auteurs.

Le secteur a généré deux très gros vendeurs : Amanda Hocking (2,5 millions de dollars est annoncé) et E.L. James.

97 auteurs en vivent déjà de l'auto-édition... Énorme !

Auto-édition ne signifie pas totale solitude. Comme dans l'édition papier, aux USA, le rôle des agents est important : avec un agent les revenus sont trois fois supérieurs ! L'agent, aux USA, c'est celui qui critique l'œuvre avant son édition.

Tout le monde n'en vit pas de l'auto-édition, même aux Etats-Unis !

En France, la majorité des livres auto-publiés n'aurait jamais trouvé d'éditeur "classique", n'aurait "existé" qu'en compte d'auteur. Et pour 99% de ces "œuvres", pas à cause d'une myopie des sélectionneurs mais pour une raison de qualité.

Certains peuvent balancer sur Amazon ou / et Lulu, ils échoueront en auto-édition. Même s'ils l'écrivent sans tiret. Mais au moins, par rapport au compte d'auteur classique, ils n'engloutiront pas l'argent de leur foyer !

En France comme ailleurs, deux formes d'auto-édition coexisteront : celle de qualité et la médiocrité. Parfois de bonnes ventes auréoleront des textes inutiles, ce qui incitera les auteurs de textes bâclés à continuer de balancer dans l'espoir de gagner à la loterie du bon titre par exemple ! Mais ces succès immérités se produisent également en librairies classiques...

Adapter le droit... oh oui !

Naturellement, le développement du numérique nécessite d'adapter le droit. Mais le fait-on pour maintenir les installés ou pour permettre plus de justice ? Gauche et droite ont choisi, aussi bien en légiférant qu'en subventionnant : les libraires et les éditeurs semblent leur priorité. Avec une cynique facilité d'agiter l'épouvantail Google, Amazon ou Apple pour faire passer les intérêts des grands groupes français, naturellement soudain solidaires de la petite librairie !

Pourquoi ? Le pouvoir des lobbies mais aussi la méconnaissance par nos élus des véritables enjeux du livre numérique. C'est aussi notre devoir d'informer. Réformer le droit, oui. Le mettre au service des installés, non.

François Hollande veut être le Président de la Justice. Il sera aussi jugé sur ses orientations culturelles.

Une loi illégale ?

Cette loi est-elle conforme à la Convention de Berne pour la protection des œuvres littéraires et artistiques ?

L'article 5.2 de cette Convention stipule que « *la jouissance et l'exercice de ces droits ne sont subordonnés à aucune formalité.* »

Avec cette loi, pour jouir des droits numériques de son œuvre, l'auteur devra s'opposer à leur utilisation par un éditeur avec lequel il n'a passé aucun accord. Notion juridique qu'il conviendra d'observer. Qui pour porter le dossier en justice ?

L'imagination au pouvoir ? C'était le premier François, le nouveau est normal ! La lecture de "la politique pour les nuls" en papier, lui ayant bien réussi, sa compagne journaliste chez Lagardère hésitera sûrement à lui offrir un Kindle pour Noël !

De l'édition sans risque financier offerte aux éditeurs installés

Numérisation avec l'argent de l'état. Mise en vente sans frais sur les plateformes numériques.
Aucun risque financier.
Simplement automatiser une procédure informatique : réceptionner des œuvres numérisées de la BNF et les transmettre à un edistributeur. Puis attendre que l'argent rentre. Pas mal, comme rente. Juste ? C'est ce que vous appelez une politique juste, monsieur François Hollande ?

La trahison de Victor Hugo, Emile Zola...

Pour quelles raisons la SGDL a accepté ce recul du droit d'auteur ? Car tous les communiqués du monde, les réactions rassurantes, n'y changeront rien : la SGDL a trahi Victor Hugo, Emile Zola, Guy de Maupassant... Vous qui vous êtes battus pour le droit d'auteur, ils offrent aux éditeurs une dérogation, un recul du droit...

Propositions à madame la ministre Aurélie Filippetti

Aurélie Filippetti va-t-elle saisir la complexité des enjeux du livre numérique ou poursuivre la politique de ses prédécesseurs ? L'un de ses premiers communiqués de ministre (de la Culture et de la Communication), n'incite guère à l'optimisme. Le 23 mai 2012, elle regrettait la disparition du portail 1001libraires... et réaffirmait son soutien au secteur de l'édition et à la librairie indépendante.

Selon elle, cette fermeture « *est un coup porté à tous les libraires indépendants partenaires de ce projet.* »
Elle réunira « *rapidement les différents acteurs de la filière pour soutenir les libraires et relancer la réflexion sur un portail numérique commun librairies / maisons d'édition.* » Le pire : elle estime qu'un « *des enjeux essentiels sera aussi d'accompagner les éditeurs, les libraires et les bibliothèques à prendre place sur le secteur des livres numériques.* »
2,5 millions d'euros d'investissement ont soutenu ce portail lancé en avril 2011. J'y avais répondu par http://www.1001ecrivains.com Non subventionné mais qui continuera tout doucement sa route !

Aurélie Filippetti « *rappelle son ambition que le Ministère, dans le secteur du livre et de la lecture comme dans d'autres, joue le rôle de facilitateur et parfois de médiateur entre les auteurs, les éditeurs, les diffuseurs et l'ensemble des acteurs de la filière. Dans un contexte de financements publics limités, il faudra améliorer les outils existants, mutualiser les investissements, informer sur l'évolution du contexte, encourager les négociations entre les professionnels du livre et de la lecture.* » Médiateur entre les auteurs, les éditeurs, les diffuseurs et l'ensemble des acteurs de la filière ! Aucun soutien à la révolution numérique à espérer !... À première vue.

Si nous l'informons, Aurélie Filippetti peut-elle évoluer sur ce dossier ? Sylvia Pinel, députée du Tarn-et-Garonne et également néo ministre, interpellée à Montaigu de Quercy sur le sujet, m'a conseillé, après avoir reconnu une totale absence d'implication dans "les débats", de contacter la ministre, spécialiste de ce domaine... Mais Aurélie Filippetti battait également la campagne pour François Hollande au moment du vote de cette loi ? J'aurais aimé la trouver au côté des auteurs début 2012...

Peut-on fonder quelques espoirs du fait qu'Aurélie Filippetti soit aussi, parfois, écrivain ? *Les Derniers Jours de la classe ouvrière*, *Un homme dans la poche*, publiés... chez Stock... une filiale de Hachette Livre, donc une maison Lagardère... Mais peut-être fut-elle peu satisfaite du montant de ses droits d'auteur ! Fut-elle envoyée au pilon ? Sur Amazon, *Les Derniers Jours de la classe ouvrière*, est disponible uniquement par des vendeurs tiers pour le format broché de Stock, premier roman publié le 17 septembre 2003... Le format Kindle est édité par Stock. [depuis… une ministre ça se réimprime !]

Avant tout, il est urgent que cette loi soit abrogée (sous l'impulsion de madame la ministre serait un signe positif).

On peut ensuite, comme signalé précédemment :
- Répertorier les œuvres via le dépôt légal.
- Présenter la liste sur le site de la Bnf, en spécifiant clairement que les ayants droit en possèdent les droits de reproduction numérique, sauf s'ils ont signé un contrat les attribuant à un éditeur.
- Procédure simplifiée de déclaration d'édition numérique : saisie du numéro d'ISBN de l'œuvre

numérique ou du numéro ASIN pour autopublication sur Amazon. Ces éléments permettraient de rapidement contrôler qu'il ne s'agit pas d'une information farfelue...

- Procédure rapide de déclaration en cas de refus que cette œuvre soit divulguée en numérique (simple lettre à imprimer, à compléter avec les éléments qui prouvent l'identité du déclarant)
- Un an après la mise en ligne de cette liste, faire le point.

Politique plus ambitieuse, plus éthique, plus décente... et nettement moins coûteuse que celle acceptée par la loi du 1er mars 2012 : la création d'une structure d'aide à l'auto-édition des « livres indisponibles. » De nombreux auteurs, qui plus est de nombreux ayants droit, sont retenus par l'officielle difficulté d'être auteur-éditeur. Je leur ai conseillé la solution Amazon Auto-édition. Mais l'état s'honorerait en créant, pour un investissement dérisoire, une structure de mise aux normes légales des œuvres, qui seraient automatiquement envoyées sur l'ensemble des sites de ventes, via un edistributeur. Que cette structure, sous une autre forme que « l'aide à l'auto-édition » devienne rapidement autosuffisante financièrement serait même possible, avec une commission de 10% sur les ventes. 10% pour cette structure, 10% pour l'edistributeur, 30% pour le site de vente. Avec une TVA à 7%, 43% du montant TTC, 50% du montant HT, reviendrait à l'auteur (ou l'ayant droit)... et sans un centime consacré à la numérisation.

L'auteur, ou son ayant droit, se chargerait naturellement de fournir les œuvres numérisées, ressaisie quoi ! Quand la vente en ebook de l'ensemble de mon catalogue s'est imposée, j'ai uniquement ressaisi mon premier livre, celui publié en 1991... Car je ne retrouvais pas la disquette (3 pouces et demi) ... réapparue quand j'en étais à la page 160 !

Certains proposent déjà des solutions de facilité pour les auteurs de ces livres en papier "indisponibles"...

La meilleure offre pour qui ne souhaite pas s'autogérer, s'auto-éditer et dépasser la simple diffusion sur Amazon, me semble être celle de publie.net. Malheureusement !
François Bon a fondée une eurl au capital de 1000 euros, publie.net eurl, en 2008. Il en assure la gérance et la direction.
Publie.net s'intéresse aux textes contemporains, récits, poésie, essais, vendus sans DRM, au prix maximum de 3,99 euros.
Son principe : « *50% de la recette nette téléchargements est attribuée directement à l'auteur, ainsi que 30% des recettes abonnements par péréquation des pages lues, clôture annuelle d'exercice au 30 juin.* »
50 % de la recette nette, publie.net étant distribué sur Immateriel, les ventes sur Amazon doivent donc revenir à 28,5% du montant TTC à l'auteur (3% TVA, 30% Amazon, 10% Immateriel, 28,5% publie.net). L'écrivain devrait peut-être passer à l'indépendance, pour dans la même configuration obtenir 57% du prix TTC ! Et ne pas attendre un an le paiement, alors qu'Immateriel paye très rapidement les éditeurs...
Son fonctionnement : « *nous sollicitons nous-mêmes nos auteurs, en fonction de ce qui naît sur les blogs et des nouvelles formes qu'on y repère – notre planning de publication est déjà très chargé avec plusieurs mois de délai, et nous donnons priorité aux expériences numériques natives; auteurs publiés chez des éditeurs traditionnels : sauf si avenant numérique spécifique, vous êtres libre d'organiser vous-même la diffusion numérique de vos livres, si votre éditeur papier ne l'a pas fait, n'hésitez pas à nous contacter; »*

Les seuls priés de contacter monsieur Bon sont donc « les *auteurs publiés chez des éditeurs traditionnels* » qui n'ont pas signé d'avenants numériques. Cette phrase a le mérite de la clarté !

Le bon filon de monsieur Bon... que l'on retrouve également parmi les subventionnés du Centre National du Livre...

Il existe d'autres éditeurs numériques mais leur fonctionnement me semble encore plus désavantageux pour les écrivains. Le plus souvent, aucun taux n'est d'ailleurs noté sur leur site. Attention : les offres vont se multiplier... je ne serais pas surpris que certaines structures ferment avant d'avoir reversé le moindre centime aux auteurs...

Les dangers d'un portail librairies / maisons d'édition... où seraient vendus certains ebooks, avec le soutien de l'Etat

Madame Aurélie Filippetti sera-t-elle la ministre de la distorsion de concurrence sur Internet ?

Elle réunira *« rapidement les différents acteurs de la filière pour soutenir les libraires et relancer la réflexion sur un portail numérique commun librairies / maisons d'édition. »*

Que serait ce portail ? Celui de l'édition ou celui des éditeurs membres du SNE ?

Indépendant, je vends sur Amazon, Itunes, Kobo, Rue du Commerce, La Fnac... qui sont des lieux ouverts de vente, où l'on ne vous demande pas une cotisation pour vendre, où le vendeur vit avec la marge sur les ventes.

> *« Le site Gallica présentera l'intégralité des nouvelles références bibliographiques, avec une possibilité de feuilletage, et renverra à des sites marchands pour l'acquisition des livres numériques. »*
> http://www.culturecommunication.gouv.fr/Actualite
> s/A-la-une/Une-deuxieme-vie-pour-des-titres-
> indisponibles :

Certains doivent rêver d'un modèle où la BnF serait au service du *« portail des librairies / maisons d'édition. »*, renvoyant systématiquement les internautes vers ce lieu « unique » de vente sur Internet. Procès d'intention ?

Ainsi, sur un ebook numérisé grâce au grand emprunt, c'est 95% du montant hors taxe qui reviendrait à l'éditeur avec ses différentes casquettes et 5% à l'auteur ?

Comment croire qu'un site de vente puisse se comporter

correctement envers l'ensemble des auteurs, quand il est contrôlé par des éditeurs ? C'est bien l'édition indépendante qui est visée.

Heureusement, l'argent public ne permet pas tout. Un an a suffi pour griller les subventions obtenues par 1001libraires.com. D'autres subventions puisées sur la culture viendront encore servir les intérêts privés mais la logique de l'histoire contre laquelle luttent les installés, sera plus forte qu'eux.

Amazon, Apple, Itunes, Kobo (espérons que Rakuten rachète La Fnac après Kobo... et lance l'enseigne française dans le numérique) ont compris qu'un système ouvert à l'ensemble des créateurs génère plus d'argent qu'un système contrôlé par des notables. Le temps de l'édition figée est terminé. Vive l'édition ouverte !

Résumé : être certain de posséder les droits d'édition papier... ou comment les récupérer légalement

Un contrat d'édition, c'est, le plus souvent, pour une œuvre, un contrat pour la vie de l'auteur et ensuite, jusqu'à sa tombée dans le domaine public (70 ans, sauf exceptions, après le décès).

Mais le contrat d'édition peut prendre fin avant cette échéance. Le contrat peut être nul si l'auteur, par exemple, ne remet pas son manuscrit. Il devra alors rembourser les avances.
Nous sommes ici dans le cas d'une œuvre éditée, qui s'est vendue en livre papier.
Si l'éditeur assure toujours la diffusion de ce livre, seul un accord amiable peut vous permettre de récupérer les droits papier.

La résiliation peut intervenir de plein droit, par voie amiable ou par voie judiciaire.

La résiliation de plein droit : suivant l'article L. 132-17 du CPI « *lorsque l'éditeur procède à la destruction totale des exemplaires.* » Mais aussi « *la résiliation a lieu de plein droit lorsque, sur mise en demeure de l'auteur lui impartissant un délai convenable, l'éditeur n'a pas procédé à la publication de l'œuvre ou, en cas d'épuisement, à sa réédition. L'édition est considérée comme épuisée si deux demandes de livraisons d'exemplaires adressées à l'éditeur ne sont pas satisfaites dans les trois mois* » ou, suivant l'article L. 132-15 lorsque l'exploitation du fonds de commerce d'un éditeur mis en redressement judiciaire a cessé depuis plus de trois mois ou si la liquidation judiciaire est prononcée.

Pas besoin du juge mais il convient d'adresser une mise en

demeure, par l'envoi d'une lettre recommandée... Face à un éditeur tenant à conserver ses droits sans remplir ses obligations, il pourrait être nécessaire de prouver par constat d'huissier que deux demandes de livraison d'exemplaires adressées à l'éditeur n'ont pas été satisfaites dans les trois mois.

Le mieux est d'obtenir une réponse de l'éditeur, acceptant de résiliation de plein droit. Si l'éditeur vous a communiqué un certificat de mise au pilon de l'ensemble des invendus, ce document permet de récupérer les droits automatiquement.

La résiliation amiable : l'auteur et l'éditeur décident de se séparer...

La résiliation judiciaire... L'auteur peut invoquer que l'éditeur ne lui a pas versé les rémunérations dues, ou que l'éditeur ne lui produit pas les arrêtés des comptes comme stipulé au contrat, qu'il n'effectue pas la promotion de l'œuvre, que l'éditeur a porté atteinte au droit moral de l'auteur... Situation difficile où un avocat sera nécessaire. Préférez la résiliation amiable !... Enfin, essayez la résiliation amiable avant de lancer une procédure...

Des relations tendues entre les éditeurs et les « prestataires »

Un article :
http://www.rue89.com/rue89-culture/2011/12/12/livres-jeunesse-que-cache-le-chantage-de-milan-presse-227413
Par Aurélie Champagne.

Quand une lettre-contrat invite les auteurs et illustrateurs de Milan-presse (devenue une filiale de Bayard) à céder certains de leurs droits sur leurs œuvres passées et futures... ils signent ?
Vous signez ou ne travaillez plus pour nous, est-ce l'approche éthique de l'éditeur toulousain ?...

« Les auteurs sont invités à céder leurs droits sur l'exploitation numérique et internationale de leurs œuvres. Le contrat est rétroactif et rend caduc les avantages éventuels négociés sur les contrats précédents.
La lettre définit aussi les conditions de rémunération sur les œuvres futures. Or, d'après Emmanuel de Rengervé, juriste au Syndicat national des auteurs et des compositeurs (Snac), la « cession globale d'œuvres futures est prohibée en France ».
Des associations comme Le Grill (qui regroupe des illustrateurs, des dessinateurs de BD et des scénaristes) ou La Charte s'indignent de ce « contrat unilatéral », contraire aux intérêts des auteurs. Leurs tentatives de négociations ont échoué. « Nous avons reçu une fin de non-recevoir », dit-on au Grill.
(...)
Même si rien n'est dit clairement, la signature de ce contrat est devenue la condition sine qua non pour travailler ou continuer à travailler avec le puissant groupe Bayard. (...)

« Certains illustrateurs vivent grâce à Milan », commente Mathias Gally. « Ils ne peuvent pas se permettre de perdre leur boulot, alors ils signent. »

Même si la signature de cette lettre peut faire perdre jusqu'à 50% sur certains droits relatifs à leurs publications antérieures.

(...)

Les éditeurs paniquent et appliquent un principe de précaution : pour protéger leurs arrières, ils tentent d'étendre leurs droits, même dans des branches où ils ne prétendent pas encore développer d'activité, comme le numérique.

(...)

« La lettre-accord de Milan n'est qu'un témoignage du rapport de force biaisé entre auteur et éditeur », estime Céline.

« Beaucoup d'auteurs souffrent de ce rapport de force odieux et finissent par s'interroger sur la nécessité réelle d'avoir un éditeur », conclut-elle, à l'heure où l'iStore d'Apple recense ses premiers succès en matière d'eBooks jeunesse. »

Le prévu arrive...

En février 2008, dans l'*Express*, un dossier "*Le livre numérique pour les nuls*", où Guillaume Grallet notait :

« *Pourquoi les éditeurs français sont-ils si frileux?*
On ne peut pas dire que l'émergence de l'e-book déchaîne l'enthousiasme à Saint-Germain-des-Prés. Il est vrai que trois piliers immémoriaux de l'économie des lettres risquent, avec son essor, de disparaître: la fabrication du livre, sa distribution vers les librairies et la problématique gestion des invendus. «La dématérialisation du livre pourrait être une catastrophe pour quelques maisons prestigieuses», confie même un observateur. Et cela en raison d'une spécificité bien française: nombre de gros éditeurs, comme Hachette, Gallimard ou Flammarion, contrôlent en effet également les circuits de distribution du livre.

Les auteurs pourront-ils se passer d'éditeur?
C'est l'un des cauchemars du monde de l'édition: et si les romanciers publiaient directement leurs livres sur support numérique sans s'encombrer d'un éditeur qui ponctionne une grosse partie des royalties au passage? »

Je partageais ces impressions. Mais je préfère citer l'observateur d'un hebdomadaire qui ne peut pas être considéré comme le chantre de l'auto-édition !

En 2012, nous sommes sortis de l'époque où les éditeurs, les installés, se rassuraient en prétendant que jamais les vraies lectrices, les vrais lecteurs ne délaisseraient le papier pour le numérique.

« *Les ventes de livres numériques sont encore balbutiantes sur le marché français où ils ne réalisent qu'environ 1 %*

du chiffre d'affaires du secteur. La faiblesse de ce chiffre d'affaires est évidemment liée à la taille embryonnaire du marché où seul 1 livre sur 10 est pour le moment disponible en version numérique (1 sur 3 dans le cas des best-sellers). La progression de ces chiffres sera naturellement déterminante pour l'évolution du paysage éditorial en France. Mais, si l'on en juge par les expériences passées du marché des biens culturels, la France devrait logiquement suivre les traces des pays précurseurs comme les États-Unis. Le marché américain du livre numérique est de loin le premier au monde et il enregistre une très forte progression depuis trois ans : la part du numérique y est passée de 1,2 % en 2008 à 18 % fin 2011. C'est en Grande-Bretagne que la dématérialisation du livre est la plus avancée sur le continent européen ; 13 % des livres y sont vendus sous forme de fichiers. Et, selon les projections réalisées par l'IDATE, le marché du livre numérique pourrait atteindre en 2015 35 % aux États-Unis et 21 % Outre-Manche. »
Les acteurs de la chaîne du livre à l'ère du numérique - Les auteurs et les éditeurs, Notes d'analyse 270 - Mars 2012
http://www.strategie.gouv.fr/system/files/2012-03-19-livrenumerique-auteurs-editeurs-na270_0.pdf

La question est devenue : quelle part restera-t-il au papier quand la lecture sur liseuse se sera imposée ?... Et combien d'écrivains resteront dans le giron des éditeurs pour stagner à une dizaine de pour cent du prix de vente du livre, qu'il soit papier ou numérique, quand d'autres solutions permettent, avec une diffusion sur les meilleurs lieux de vente, de dépasser les 50% du prix de vente pour l'écrivain.

Combattre la tentative de contrôle de la distribution par les éditeurs

Si les éditeurs contrôlent la diffusion de l'ebook, ils contrôleront les ventes.

« *Avec la transmission directe d'un texte depuis une plate-forme de téléchargement vers une tablette ou une liseuse, l'impression et la distribution du livre ne sont plus nécessaires. Or c'est cette dernière étape de la chaîne du livre qui est aujourd'hui la source majeure de rémunération pour l'éditeur.* »
Les acteurs de la chaîne du livre à l'ère du numérique - Les auteurs et les éditeurs, Notes d'analyse 270 - Mars 2012
http://www.strategie.gouv.fr/system/files/2012-03-19-livrenumerique-auteurs-editeurs-na270_0.pdf

J'ai régulièrement, par exemple dans la *lettre ouverte à monsieur Arnaud Lagardère au sujet du livre numérique*, dénoncé la manière dont le livre papier s'était organisé pour exclure les indépendants. Je vous livre un aveu issu du monde officiel du livre :
« *Traditionnellement, c'est-à-dire tant que le livre n'existait qu'imprimé sous forme papier, l'auteur d'un texte ne pouvait être publié que par l'intermédiaire d'un éditeur, à moins d'être lui-même son propre éditeur, ce qui relevait d'un cas de figure exceptionnel. Le livre imprimé est donc l'élément structurant d'une chaîne éditoriale associant l'auteur, l'éditeur, le distributeur, le diffuseur et le libraire.*
Cette chaîne connaît en France un degré d'intégration particulièrement élevé. Alors que dans les autres pays comparables l'éditeur et le distributeur sont deux acteurs bien distincts, les principales maisons d'édition françaises

ont développé leur propre circuit de distribution, à l'exemple de la Sodis appartenant à Gallimard ou de Volumen dans le cas du groupe La Martinière. En contrôlant le processus de distribution, les éditeurs français se sont donné les moyens de dégager des marges plus importantes qu'avec leur seule activité éditoriale. L'intégration de la distribution reste aujourd'hui encore l'une des principales sources de la bonne santé économique des éditeurs français mais aussi de la diversité de l'offre éditoriale. »

Les acteurs de la chaîne du livre à l'ère du numérique - Les auteurs et les éditeurs, Notes d'analyse 270 - Mars 2012

http://www.strategie.gouv.fr/system/files/2012-03-19-livrenumerique-auteurs-editeurs-na270_0.pdf

Malgré l'échec de François Fillon en 2009 - 2010, l'ambition existe toujours de « *réunir les acteurs de l'édition et de la distribution du livre pour aboutir à un regroupement de la distribution française du livre numérique autour d'une plate-forme unique.* » Dans la même note d'analyse.

Antoine Gallimard, invité du *Buzz Média Orange Le Figaro*, le 22 novembre 2009, aborda ce sujet. Le compte rendu sur le site du Figaro note :

« *Au sujet des trois plateformes d'e-distribution créées par des éditeurs* [ce qui n'est pas totalement exact, Numilog ayant été racheté] : *Eden (Gallimard), Numilog, et eEditis. Le gouvernement veut qu'il n'y ait qu'une seule plateforme. On essaie de se regrouper. Qu'il y ait au moins une interopérabilité entre les plateformes et qu'il y ait une vitrine unique pour les libraires et les lecteurs* ».

http://www.lefigaro.fr/medias/2009/11/22/04002-20091122ARTFIG00057-le-livre-numerique-est-un-livre-a-part-entiere-.php

Après avoir acheté Numilog en 2008, avec l'ambition d'en faire la plateforme unique d'edistribution en France, Lagardère l'a revendu à son créateur début 2012... mais l'ambition d'une plateforme unique existe toujours...

Une seule plateforme... naturellement contrôlée par les éditeurs du SNE, qui ponctionneraient discrètement la plus grande partie des bénéfices, et les éditeurs indépendants seraient priés de payer très cher pour être distribués, seraient ainsi éjectés des plateformes de vente ?

Mes livres sont distribués par Immateriel. J'espère que la jeune société aura la force de résister. C'est d'ailleurs sa grande force que d'être vraiment edistributeur : elle distribue partout où il lui est possible... elle n'est pas là pour contrôler les éditeurs ni l'édition française mais pour effectuer un travail de flux d'informations, de fichiers, d'argent. La France doit sortir de ce système où des éditeurs contrôlent les ventes en contrôlant la distribution.

« Simultanément diffuseur, distributeur, éditeur et propriétaire d'une solution technologique qui domine très largement le marché des liseuses, Amazon bénéficie d'une force de frappe commerciale redoutable, grâce à laquelle sa branche édition pourrait bien offrir aux auteurs des conditions de rémunération nettement plus attrayantes que les éditeurs traditionnels. Tout en se défendant d'avoir des projets d'activité éditoriale dans le livre numérique, Facebook a pour sa part racheté en août 2011 Push Pop Press, société spécialisée dans le livre interactif pour iPod touch, iPad et iPhone. »
Les acteurs de la chaîne du livre à l'ère du numérique - Les auteurs et les éditeurs, Notes d'analyse 270 - Mars 2012

L'état devrait se réjouir que des écrivains aux difficultés connues pour obtenir un revenu décent, puissent espérer une « *rémunération nettement plus attrayantes* »... mais Amazon est l'ennemi ! Une volonté étatique de maintenir les écrivains dans la dépendance des éditeurs ? Donc dans la précarité ? Une volonté des politiques de maintenir les écrivains indépendants dans la pauvreté ?

Comment soutenir les éditeurs installés ? En subventionnant les écrivains inféodés à ce système...

La technique fonctionne depuis des années : les écrivains indépendants sont exclus des aides, ainsi marginalisés, ghettoïsés. Naturellement avec la justification facile que la vraie littérature se trouve chez les éditeurs. Entre les mémoires de Loana et les romans de Ternoise, naturellement monsieur Martin Malvy va sourire à l'icone ? Mauvais exemple car elle ne vit pas en région Midi-Pyrénées ?

Deux exemples : la région Midi-Pyrénées et le département du Lot. Pourquoi ? Ce sont ceux que je subis. Ailleurs, ce n'est guère meilleur, je crois !

Le Centre Régional des Lettres Midi-Pyrénées

Le Centre Régional des Lettres Midi-Pyrénées, selon sa présentation officielle, se prétend au coeur de la politique du livre en région, « *plate-forme d'échanges, de débats et de partenariats entre acteurs de la chaîne du livre. Qu'il s'agisse de conseil, d'expertise, de financement ou de mise en réseau, le CRL accompagne auteurs, éditeurs, libraires et professionnels des établissements documentaires de la région Midi-Pyrénées dans leurs projets.* »

La page "*missions*" le prétend : « *à l'écoute de leurs préoccupations en un temps où la révolution numérique transforme en profondeur les métiers du livre.* »

Qu'entend le CRL par « *Soutenir la création et la chaîne du livre* » ?
La réalisation d'études (où naturellement la sélection rigoureuse des personnalités écoutées doit garantir

l'impartialité... ou peut-être d'obtenir des conclusions conformes aux souhaits de certains ; ainsi je n'ai "naturellement" jamais été consulté sur le livre numérique... il est vrai que les libraires sont sûrement plus compétents... Comme en témoigna, en 2011, le groupe de travail régional interprofessionnel sur le livre numérique LE NUMERIQUE ET LES MÉTIERS DU LIVRE) et l'attribution d'aides "aux acteurs du livre."

Qui sont ces acteurs du livre ?

- Auteurs : bourses d'écritures versées par le CRL pour favoriser la création littéraire en Midi-Pyrénées.

- Editeurs : présence à Vivons Livres ! Salon du livre Midi-Pyrénées, aides aux déplacements hors région (entre autres le Salon du livre de Paris), aides à la fabrication et à la traduction, toutes versées par la Région Midi-Pyrénées.

- Libraires : mise en place d'une politique d'aide à la librairie indépendante, financée majoritairement par la Région Midi-Pyrénées, avec le soutien de la DRAC.

Dans les **critères d'attribution des bourses d'écriture 2012** (9 bourses par an chacune d'un montant maximum de 8 200 €), les auteurs-éditeurs, même professionnels, sont ENCORE exclus d'une phrase : « *l'auteur doit avoir publié au moins un livre à compte d'éditeur (sous forme imprimée).* »

J'ai plusieurs fois essayé de combattre cette approche, ce mépris du statut d'auteur-éditeur. Certes ne figure plus dans la rubrique "Sont exclus :" la phase « *l'auto-édition (éditions à compte d'auteur et éditions à compte d'auteur pratiquées par un éditeur professionnel).* » Oui, le professionnalisme du CRL donna cette définition de l'auto-édition !

Le département du Lot

J'ai contacté, début 2012, Monsieur le 6ème vice-président, Monsieur Gérard Amigues, « Vous êtes chargé de la culture, du patrimoine et des usages informatiques, et qui plus est avez participé au livre *Archives de pierre les églises du Moyen âge dans le Lot*. Vous connaissez donc parfaitement le sujet sur lequel je me permets de vous questionner.

Ce livre *Archives de pierre les églises du Moyen âge dans le Lot*, qui semble intéressant dans sa présentation officielle, est spécifié "*fruit des six années d'inventaire et études scientifiques de l'architecture médiévale du département, menés depuis 2005 par le Conseil général du Lot et la Région Midi-Pyrénées dans le cadre de l'Inventaire général du patrimoine culturel, avec la collaboration de l'Université Toulouse-Le Mirail.*"

Ce livre est spécifié "*coécrit sous la direction de Nicolas Bru, conservateur des Antiquités et Objets d'Art, par Gilles Séraphin, architecte du Patrimoine, Maurice Scellès, conservateur en chef du Patrimoine, Virginie Czerniak, maître de conférences en histoire de l'art, Sylvie Decottignies, ingénieur d'études, et Gérard Amigues, vice-président du Conseil général.*"
J'ai aussi lu la page 25 de "Contact Lotois", entièrement dédiée à sa publicité.

Et pourtant, je n'en ai trouvé aucune version numérique gratuite.

Toute recherche payée avec l'argent public devrait désormais conduire à une publication gratuite en ebook. C'est la position défendue dans plusieurs de mes e-books. La considérez-vous scandaleuse ?

Gilles Séraphin, Virginie Czerniak, Sylvie Decottignies, semblent donc avoir été payés par leur employeur pour travailler sur cet ouvrage. Il est possible que vous considériez que votre participation ne participe pas de vos fonctions d'élu. Donc est-ce votre contribution qui empêche la mise à disposition gratuite de cet ouvrage collectif ?

Il me semble "surprenant" mais surtout anachronique, que le département offre aux éditions Silvana Editoriale (plus un imprimeur lotois ?) et aux libraires, la possibilité de se partager la majeure partie des 39 euros de cet ouvrage. Pas vous ?»

Sa réponse eut le grand mérite de la clarté : la « *publication a été confiée à un éditeur spécialisé, sous la forme d'un pré-achat lui assurant la viabilité économique du projet. Les auteurs ont été rémunérés dans le cadre de leurs fonctions générales pour les institutions qui les emploient, et non spécifiquement pour la rédaction de l'ouvrage : ils ont concédé leurs droits d'auteurs payants, ce qui a permis de baisser le prix de vente unitaire au profit de l'acheteur.* » Oui, monsieur Gérard AMIGUES a bien noté au profit de l'acheteur, et non de l'éditeur, et non des libraires. 39 euros, aucun droit d'auteur à payer, un pré-achat par le Conseil Général du Lot ! Un éditeur bien engraissé ! Et des libraires qui toucheront une belle somme !

Je vais naturellement continuer ce dialogue postal en lui signalant qu'il est infondé de prétendre « *sans garantie de pérennité dans le temps au regard d'évolutions technologiques permanentes pouvant rendre de tels supports rapidement obsolètes* » au sujet des ebooks.

La première partie de sa phrase contenant aussi un élément contestable « *il n'a pas été envisagé de développer de version ebook de l'ouvrage, dans la mesure où cela aurait engendré un coût de développement plus important pour les deux collectivité partenaires* », je lui apprendrai donc qu'il suffit de quelques heures (pour la gestion des tables) pour transformer un document word ou works en ebook.

La gestion collective obligatoire, il faut la refuser

Comment croire qu'une société de perception de droits d'auteur, s'arrêtera à la gestion des modestes revenus de 500 000 vieilles œuvres sans réelle demande ?

N'oubliez jamais la petite phrase du directeur juridique de Hachette Livre : *« la gestion collective obligatoire est un recours imparable, mais elle ne sera pas mise en place avant 2012-2013... »*

Tellement de cafouillages sur "les indisponibles" que ce sera 2015-2016 ? Peu importe, finalement, la voie est tracée...

Evitez-vous un réveil difficile : quand ils ont créé la gestion collective préférable pour les œuvres indisponibles du vingtième siècle, je n'ai même pas suivi le dossier car je n'étais pas concerné, quand ils ont créé la gestion collective optionnelle, je suis resté en dehors, quand la gestion collective est devenue un moyen de récupérer les droits dérivés, de la copie privée au prêt en bibliothèque, mon éditeur m'a prétendu que j'avais tout à y gagner. Aujourd'hui, je suis membre de la SPRD et comme pour la sacem avec les textes de chansons, j'ai accepté de m'obliger à déposer à la SPRD l'ensemble de mes romans, essais, récits et textes divers non gérés par d'autres sociétés de droits... »

Vos observations

Vos observations, réactions, compléments d'informations, et même corrections : http://www.editeur.pro

Et vos notes personnelles :

Stéphane Ternoise

Stéphane Ternoise est né en 1968. Il publie depuis 1991. Il est depuis son premier livre éditeur indépendant.

Dès 2004, il a proposé des livres numériques, en PDF. Mais c'est en 2011 seulement que les ventes dématérialisées ont démarré. Son catalogue numérique (depuis mi 2011 distribué par Immateriel) a ainsi rapidement dépassé celui du papier, grâce à des essais, des livres de photos... tout en continuant la lente écriture dans les domaines du théâtre et du roman. Depuis octobre 2013, et son « identifiant fiscal aux États-Unis », son catalogue papier tend à rattraper celui en pixels.
http://www.livrepapier.com ou
http://www.livrepixels.com

Il convient donc, de nouveau, d'aborder l'auteur sous le biais de l'œuvre. Ainsi, pour vous y retrouver, http://www.ecrivain.pro essaye de fournir une vue globale. Et chaque domaine bénéficie de sites au nom approprié :
http://www.romancier.net
http://www.dramaturge.net
http://www.essayiste.net

http://www.lotois.fr

Vous pouvez légitimement vous demander pourquoi un auteur avec un tel catalogue ne bénéficie d'aucune visibilité dans les médias traditionnels. L'écriture est une chose, se faire des amis utiles une autre !

Catalogue (le plus souvent en papier et numérique, parfois uniquement les pixels, le travail de mise en page papier demandant plus de temps que d'heures disponibles)

Romans : (http://www.romancier.net)
Le Roman de la révolution numérique.
Ils ne sont pas intervenus (le livre des conséquences) également en version numérique sous le titre *Peut-être un roman autobiographique*
La Faute à Souchon ? également sous le titre **Le roman du show-biz et de la sagesse (Même les dolmens se brisent)**
Liberté, j'ignorais tant de Toi également sous le titre Libertés d'avant l'an 2000)
Viré, viré, viré, même viré du Rmi
Quand les familles sans toit sont entrées dans les maisons fermées

Théâtre : (http://www.theatre.wf)
Théâtre pour femmes
Théâtre peut-être complet
La baguette magique et les philosophes
Quatre ou cinq femmes attendent la star
Avant les élections présidentielles
Les secrets de maître Pierre, notaire de campagne
Deux sœurs et un contrôle fiscal
Ça magouille aux assurances
Pourquoi est-il venu ?
Amour, sud et chansons
Blaise Pascal serait webmaster
Aventures d'écrivains régionaux
Trois femmes et un amour
La fille aux 200 doudous et autres pièces de théâtre pour enfants
« Révélations » sur « les apparitions d'Astaffort » Brel / Cabrel (les secrets de la grotte Mariette)

147

Photos : (http://www.france.wf)

Montcuq, le village lotois

Cahors, des pierres et des hommes. Photos et commentaires

Limogne-en-Quercy Calvignac la route des dolmens et gariottes

Saint-Cirq-Lapopie, le plus beau village de France ?

Saillac village du Lot

Limogne-en-Quercy cinq monuments historiques cinq dolmens

Beauregard, Dolmens Gariottes Château de Marsa et autres merveilles lotoises

Villeneuve-sur-Lot, des monuments historiques, un salon du livre... -Photos, histoires et opinions

Henri Martin du musée Henri-Martin de Cahors - Avec visite de Labastide-du-Vert et Saint-Cirq-Lapopie sur les traces du peintre

L'église romane de Rouillac à Montcuq et sa voisine oubliée, à découvrir - Les fresques de Rouillac, Touffailles et Saint-Félix

Livres d'artiste (http://www.quercy.pro)

Quercy : l'harmonie du hasard

Lot, livre d'art

Jésus, du Quercy

Les pommes de décembre

La beauté des éoliennes

Essais : (http://www.essayiste.net)

Le manifeste de l'auto-édition - Manifeste politico-littéraire pour la reconnaissance des écrivains indépendants et une saine concurrence entre les différentes formes d'édition

Écrivains, réveillez-vous ? - La loi 2012-287 du 1er mars 2012 et autres somnifères

Le livre numérique, fils de l'auto-édition

Aurélie Filippetti, Antoine Gallimard et les subventions contre l'auto-édition - Les coulisses de l'édition française révélées aux lectrices, lecteurs et jeunes écrivains

Réponses à monsieur Frédéric Beigbeder au sujet du Livre Numérique (Écrivains= moutons tondus ?)

Comment devenir écrivain ? Être écrivain ? (Écrire est-ce un vrai métier ? Une vocation ? Quelle formation ?...)
Amour - état du sentiment et perspectives
Le guide de l'auto-édition numérique en France (Publier et vendre des ebooks en autopublication)
Copie privée, droit de prêt en bibliothèque : vous payez, nous ne touchons pas un centime - Quand la France organise la marginalisation des écrivains indépendants

Chansons : (http://www.parolier.info)
Chansons trop éloignées des normes industrielles
Chansons vertes et autres textes engagés
Chansons d'avant l'an 2000
Parodies de chansons - De Renaud à Cabrel En passant par Cloclo et Jacques Brel

En chti : (http://www.chti.es)
Canchons et cafougnettes (Ternoise chti)
Elle tiote aux deux chints doudous (théâtre)

Politique : (http://www.commentaire.info)
Ce François Hollande qui peut encore gagner le 6 mai 2012 ne le mérite pas
Nicolas Sarkozy : sketchs et Parodies de chansons
Bernadette et Jacques Chirac vus du Lot - Chansons théâtre textes lotois
Affaire Ségolène Royal - Olivier Falorni Ce qu'il faut en retenir pour l'Histoire - Un écrivain engagé, un observateur indépendant
François Fillon, persuadé qu'il aurait battu François Hollande en 2012, qu'il le battra en 2017

Notre vie (http://www.morts.info)
La trahison des morts : les concessions à perpétuité discrètement récupérées - Cahors, à l'ombre des remparts médiévaux, les vieux morts doivent laisser la place aux jeunes...

Cahors : Adèle et Marie Borie contre Jean-Marc Vayssouze-Faure - Appel à une mobilisation locale et nationale pour sauver les soeurs Borie...

Jeux de société
http://www.lejeudespistescyclables.com
La France des pistes cyclables - Fabriquer un jeu de société pour enfants de 8 à 108 ans
Le bon chemin pour Saint-Jacques-de-Compostelle

Autres :
La disparition du père Noël et autres contes
J'écris aussi des sketchs
Vive les poules municipales... et les poulets municipaux - Réduire le volume des déchets alimentaires et manger des oeufs de qualité

Œuvres traduites :
La fille aux 200 doudous :
- *The Teddy (Bear) Whisperer* (Kate-Marie Glover) - Das Mädchen mit den 200 Schmusetieren (Jeanne Meurtin)
- Le lion l'autruche et le renard :
- How the fox got his cunning (Kate-Marie Glover)

- Mertilou prépare l'été :
- The Blackbird's Secret (Kate-Marie Glover)

- *La fille aux 200 doudous et autres pièces de théâtre pour enfants (les 6 pièces)*

- La niña de los 200 peluches y otras obras de teatro para niños (María del Carmen Pulido Cortijo)

Écrivains, réveillez-vous !

La loi 2012-287 du 1er mars 2012 et autres somnifères

Mentions légales

Tous droits de traduction, de reproduction, d'utilisation, d'interprétation et d'adaptation réservés pour tous pays, pour toutes planètes, pour tous univers.

Site officiel : http://www.ecrivain.pro

Dépôt légal à la publication au format ebook du 8 juin 2012.

Imprimé par CreateSpace, An Amazon.com Company pour le compte de l'auteur-éditeur indépendant.
livrepapier.com

Écrivains, réveillez-vous ! - La loi 2012-287 du 1er mars 2012 et autres somnifères de Stéphane Ternoise
© Jean-Luc PETIT - BP 17 - 46800 Montcuq - France

www.ingramcontent.com/pod-product-compliance
Lightning Source LLC
Chambersburg PA
CBHW031122210326
41519CB00047B/4395